CONSEIL D'ÉTAT.—COMITÉ DE LÉGISLATION.

F42182

PROJET

DE

CODE ECCLÉSIASTIQUE,

OU

RECUEIL

DES LOIS, ARRÊTÉS DU GOUVERNEMENT, DÉCRETS,
AVIS DU CONSEIL D'ÉTAT APPROUVÉS,
ET ORDONNANCES

RELATIFS A L'ADMINISTRATION DES CULTES.

M. REVERCHON, AUDITEUR,

RAPPORTEUR.

PARIS.

IMPRIMÉ PAR AUTORISATION DE M. LE GARDE DES SCEAUX

A L'IMPRIMERIE ROYALE.

M DCCC XLII.

CONSEIL D'ÉTAT. — COMITÉ DE LÉGISLATION.

PROJET

DE

CODE ECCLÉSIASTIQUE,

OU

RECUEIL

DES LOIS, ARRÊTÉS DU GOUVERNEMENT, DÉCRETS,

AVIS DU CONSEIL D'ÉTAT APPROUVÉS,

ET ORDONNANCES

RELATIFS À L'ADMINISTRATION DES CULTES.

M. REVERCHON, AUDITEUR,

RAPPORTEUR.

PARIS.

IMPRIMÉ PAR AUTORISATION DE M. LE GARDE DES SCEAUX

A L'IMPRIMERIE ROYALE.

M DCCC XLII.

AVERTISSEMENT.

L'article 17 de l'ordonnance du 18 septembre 1839, en créant le comité de législation, l'a chargé de continuer les travaux de la commission instituée par l'ordonnance du 20 août 1824, à l'effet de colliger et classer les lois et règlements encore en vigueur, et de les réunir en recueil.

L'attention du comité a dû naturellement se porter d'abord sur les actes législatifs et réglementaires dont il est appelé à faire ou à contrôler l'application, et notamment sur ceux de ces actes qui concernent l'administration des cultes.

M. Dumon, président de ce comité, m'a fait l'honneur de me confier le soin de préparer, sur cette matière, l'exécution du travail prescrit par l'ordonnance précitée.

Le présent recueil est donc l'essai ou le cadre d'un code ecclésiastique, qui, sans avoir la prétention de supplanter désormais le Bulletin des lois, aurait, du moins, l'avantage de faciliter les travaux habituels de l'administration, les discussions du comité de législation et du conseil d'état, et même les discussions des chambres sur les affaires des cultes. Son utilité ne serait pas moins réelle pour les membres du clergé.

a.

Indépendamment des dispositions dont le texte m'a paru indispensable ou utile à connaître, je me suis attaché à indiquer, sur chaque matière, celles qu'il pouvait être bon de consulter et de rapprocher. Lorsque cette indication s'applique à des dispositions insérées dans ce recueil, la page à laquelle on les trouvera est toujours énoncée. Dans le cas contraire, c'est-à-dire lorsque cette énonciation n'accompagne pas une citation, l'acte cité doit être cherché au Bulletin des lois ou dans quelque autre collection : il n'offrira, du reste, le plus souvent, qu'un intérêt purement historique, ou bien il ne sera pas directement applicable à l'administration des cultes.

Toutes les fois qu'il m'a paru suffisant de rapporter quelques dispositions d'une loi ou d'un règlement[1], j'ai fait précéder de cette parenthèse (*extrait*) la citation partielle que j'en faisais, sauf certains cas où le numéro de l'article cité tient lieu de cet avertissement.

J'ai renvoyé au Bulletin des lois pour tous les arrêtés, décrets, avis du conseil d'état et ordonnances qu'il a publiés. Je n'ai pas fait ce renvoi pour les lois, parce que toutes celles qui sont d'une date postérieure à la création de ce Bulletin y ont été insérées. Enfin, j'ai indiqué la source des actes que celle-là ne m'a pas fournis ; c'est ordinairement la collection de M. Duvergier ; ce sont aussi, pour les affaires du culte catholi-

[1] C'est ainsi qu'il m'a semblé inutile de faire connaître toute la loi du 18 juillet 1837 sur l'administration municipale, et que je me suis borné à en prendre les dispositions relatives aux cultes.

que, l'Almanach du Clergé de 1834 et celui de 1836.

Je n'ai pas cru devoir comprendre dans les annota-tions les avis du conseil d'état ou des comités de l'inté-rieur et de législation qui n'ont pas été formellement approuvés par le Gouvernement. Je me suis borné à y faire connaître, soit textuellement, soit par analyse, soit même par la simple mention de leurs dates, les circulaires ministérielles relatives à l'exécution des actes insérés dans ce recueil. La collection de ces circulaires, récemment publiée par l'Imprimerie royale, m'a fourni les matériaux de cette partie de mon travail.

Outre la table des matières, une table chronologique termine ce recueil.

ATTRIBUTIONS
DU COMITÉ DE LÉGISLATION.

ORDONNANCE

SUR L'ORGANISATION DU CONSEIL D'ÉTAT.

(Extrait.)

18 septembre 1839. (IX, Bull. DCLXXXI, n° 8190.)

Art. 16. Les comités délibèrent, pour en faire le rapport à l'assemblée générale du conseil d'état, sur les projets de lois qui leur sont renvoyés par les ministres, ainsi que sur les ordonnances et règlements d'administration publique, et les ordonnances qui doivent être rendues dans la même forme, lorsque ces projets de lois, ordonnances et règlements rentrent dans les attributions spéciales des départements ministériels auxquels ils correspondent. Ils connaissent des affaires administratives sur lesquelles les ministres jugent à propos de les consulter. Conformément à l'article 3 du règlement du 20 juin 1817, ils révisent le travail des liquidations pour les pensions liquidées dans les ministères sur les fonds de l'état ou sur les fonds de retenue.

17. Le comité de législation correspond aux départements de la justice et des cultes, et des affaires étrangères. Outre les attributions qui lui sont conférées à ce titre, il prépare tous les projets de lois d'intérêt général qui lui sont renvoyés par nos ministres. Il est chargé de continuer les travaux de la commission instituée par l'ordonnance du 20 août 1824, à l'effet de colliger et classer les lois et règlements encore en vigueur, et de les réunir en recueil. Il fait l'instruction des prises maritimes; il prépare les projets d'ordonnances sur les naturalisations, les changements de noms, les mises en jugement des fonctionnaires publics, les

autorisations de plaider demandées par les communes, les appels comme d'abus et les vérifications de bulles. Il dirige l'instruction et prépare le rapport des conflits : ce rapport continuera à être fait à l'assemblée générale du conseil d'état en séance publique, et la délibération continuera à être prise conformément aux articles 29 et suivants.

19. Les rapports aux comités sur les projets de lois ou d'ordonnances portant règlement d'administration publique, sur les prises maritimes, les appels comme d'abus et les conflits, seront faits par les conseillers d'état et maîtres des requêtes. Les autres rapports pourront être faits par les auditeurs.

ORDONNANCE

RELATIVE AUX AFFAIRES QUI NE DOIVENT PAS ÊTRE PORTÉES AUX ASSEMBLÉES GÉNÉRALES DU CONSEIL D'ÉTAT [1].

25 mars 1830.

ART. 1er. Ne seront point portés à l'assemblée générale de notre conseil d'état, et nous seront immédiatement soumis, après avoir été délibérés par le comité de l'intérieur [2], les projets d'ordonnances : 1° qui autorisent l'acceptation des donations ou legs faits aux communes, aux établissements religieux ou de charité et autres, lorsqu'ils n'ont donné lieu à aucune réclamation et ne s'élèvent pas au-dessus de 50,000 francs; les acquisitions, aliénations, concessions ou échanges de terrains par les communes, les arrondissements ou départements, lorsqu'il n'y a été formé aucune opposition; les acquisitions faites par l'administration des haras; les baux à longues années par les communes, établisse-

[1] Cette ordonnance n'a pas été insérée au Bulletin des lois; elle se trouve dans Duvergier, 1839, p. 469.

[2] Aujourd'hui le comité de législation, pour celles de ces affaires qui font partie de ses attributions.

ments publics, religieux ou de charité; 2° qui accordent des pensions de retraite aux employés du ministère de l'intérieur, des départements, des communes ou des hospices; 3° qui déterminent l'emploi des capitaux appartenant aux communes ou établissements publics, religieux ou de charité, lorsqu'ils ne s'élèveront pas au-dessus de 50,000 francs; 4° qui fixent le mode de jouissance des biens communaux, lorsqu'il n'y a pas opposition; 5° qui portent déclaration d'utilité publique pour l'ouverture d'une route, d'une rue ou d'un canal, ou fixent les indemnités dues pour la plus-value du terrain; qui classent les chemins au rang de routes départementales ou royales; 6° qui autorisent l'établissement d'églises, de succursales ou autres établissements consacrés au culte, quand il n'y a pas d'opposition.

2. Les projets d'ordonnances sur les objets ci-dessus mentionnés porteront qu'ils ont été rendus *le comité de l'intérieur* [1] *de notre conseil d'état entendu.*

[1] Voir la note précédente.

TABLE DES DIVISIONS

DE CE RECUEIL.

PREMIÈRE PARTIE.

PROJET
DE
CODE ECCLÉSIASTIQUE.

PREMIÈRE PARTIE.

CULTE CATHOLIQUE.

SECTION PREMIÈRE.

DISPOSITIONS ORGANIQUES.

LOI
RELATIVE À L'ORGANISATION DES CULTES.

18 germinal an x.

La convention passée à Paris, le 26 messidor an IX, entre le Pape et le Gouvernement français, et dont les ratifications ont été échangées à Paris le 23 fructidor an IX, ensemble les articles organiques de ladite convention, les articles organiques des cultes protestants [1], dont la teneur

[1] Les articles organiques des cultes protestants seront rapportés à la IIIᵉ partie, p. 221.

1

suit, seront promulgués et exécutés comme des lois de la République.

CONVÈNTION

ENTRE LE GOUVERNEMENT FRANÇAIS ET SA SAINTETÉ PIE VII [1].

Le Gouvernement de la République française reconnaît que la religion catholique, apostolique et romaine est la religion de la grande majorité des citoyens français.

Sa Sainteté reconnaît également que cette même religion a retiré et attend encore, en ce moment, le plus grand bien et le plus grand éclat de l'établissement du culte catholique en France, et de la profession particulière qu'en font les Consuls de la République.

En conséquence, d'après cette reconnaissance mutuelle, tant pour le bien de la religion que pour le maintien de la tranquillité intérieure, ils sont convenus de ce qui suit:

ART. 1er. La religion catholique, apostolique et romaine sera librement exercée en France; son culte sera public, en se conformant aux règlements de police que le Gouvernement jugera nécessaires pour la tranquillité publique.

2. Il sera fait par le Saint-Siége, de concert avec le Gouvernement, une nouvelle circonscription des diocèses français [2].

3. Sa Sainteté déclarera aux titulaires des évêchés fran-

---

[1] Consulter, comme documents historiques, le concordat du 13 février 1813, dit de *Fontainebleau*, ainsi que le décret du 25 mars 1813, qui prescrivait son exécution, et le concordat passé à Rome le 11 juin 1817, qui abrogeait formellement celui de l'an IX, mais qui n'a pas reçu d'exécution. Voir aussi la loi du 4 juillet 1821, p. 28.

[2] Voir ci-après les articles 58 et 59 des articles organiques.

çais qu'elle attend d'eux, avec une ferme confiance, pour le bien de la paix et de l'unité, toute espèce de sacrifices, même celui de leurs siéges. D'après cette exhortation, s'ils se refusaient à ce sacrifice commandé par le bien de l'É-glise (refus, néanmoins, auquel Sa Sainteté ne s'attend pas), il sera pourvu, par de nouveaux titulaires, au gouverne-ment des évêchés de la circonscription nouvelle, de la ma-nière suivante.

4. Le premier Consul de la République nommera, dans les trois mois qui suivront la publication de la bulle de Sa Sainteté, aux archevêchés et évêchés de la circons-cription nouvelle. Sa Sainteté conférera l'institution cano-nique, suivant les formes établies par rapport à la France avant le changement de gouvernement.

5. Les nominations aux évêchés qui vaqueront dans la suite seront également faites par le premier Consul, et l'institution canonique sera donnée par le Saint-Siége, en conformité de l'article précédent.

6. Les évêques, avant d'entrer en fonctions, prêteront directement, entre les mains du premier Consul, le ser-ment de fidélité qui était en usage avant le changement de gouvernement, exprimé dans les termes suivants :

« Je jure et promets à Dieu, sur les saints Évangiles, de garder obéissance et fidélité au Gouvernement établi par la constitution de la République française. Je promets aussi de n'avoir aucune intelligence, de n'assister à aucun con-seil, de n'entretenir aucune ligue, soit au dedans, soit au dehors, qui soit contraire à la tranquillité publique; et si, dans mon diocèse ou ailleurs, j'apprends qu'il se trame quelque chose au préjudice de l'État, je le ferai savoir au Gouvernement. »

7. Les ecclésiastiques de second ordre prêteront le même serment entre les mains des autorités civiles désignées par le Gouvernement.

8. La formule de prière suivante sera récitée, à la fin de l'office divin, dans toutes les églises catholiques de France : *Domine, salvam fac Rempublicam; Domine, salvos fac Consules.*

9. Les évêques feront une nouvelle circonscription des paroisses de leurs diocèses, qui n'aura d'effet que d'après le consentement du Gouvernement [1].

10. Les évêques nommeront aux cures [2]. Leur choix ne pourra tomber que sur des personnes agréées par le Gouvernement.

11. Les évêques pourront avoir un chapitre dans leur cathédrale, et un séminaire dans leur diocèse, sans que le Gouvernement s'oblige à les doter [3].

12. Toutes les églises métropolitaines, cathédrales, paroissiales et autres, non aliénées, nécessaires au culte, seront remises à la disposition des évêques [4].

13. Sa Sainteté, pour le bien de la paix et l'heureux rétablissement de la religion catholique, déclare que ni elle, ni ses successeurs, ne troubleront en aucune manière les acquéreurs des biens ecclésiastiques aliénés, et, qu'en conséquence, la propriété de ces mêmes biens, les droits et revenus y attachés, demeureront incommutables entre leurs mains, ou celles de leurs ayants cause.

[1] Voir ci-après les articles 60-63 des articles organiques, p. 16.
[2] Voir l'article 19 des articles organiques.
[3] Voir les sections III et IV de ce recueil, p. 46 et 50. Voir aussi les articles 23-25 et l'article 35 des articles organiques.
[4] Voir l'article 75 des articles organiques.

14. Le Gouvernement assurera un traitement convenable aux évêques et aux curés dont les diocèses et les paroisses seront compris dans la circonscription nouvelle [1].

15. Le Gouvernement prendra également des mesures pour que les catholiques français puissent, s'ils le veulent, faire en faveur des églises des fondations [2].

16. Sa Sainteté reconnaît dans le premier Consul de la République française les mêmes droits et prérogatives dont jouissait près d'elle l'ancien gouvernement.

17. Il est convenu, entre les parties contractantes, que, dans le cas où quelqu'un des successeurs du premier Consul actuel ne serait pas catholique, les droits et prérogatives mentionnés dans l'article ci-dessus, et la nomination aux évêchés, seront réglés, par rapport à lui, par une nouvelle convention.

ARTICLES ORGANIQUES
DE LA CONVENTION DU 26 MESSIDOR AN IX.

TITRE Ier.
Du régime de l'église catholique dans ses rapports généraux avec les droits et la police de l'État.

ART. 1er. Aucune bulle, bref, rescrit, décret, mandat, provision, signature servant de provision, ni autres expédi-

[1] Voir la section XI ci-après, p. 148; voir aussi les articles 64 et suivants des articles organiques.
[2] Voir l'article 73 des articles organiques et la loi du 2 janvier 1817, p. 171.

tions de la cour de Rome, même ne concernant que les particuliers, ne pourront être reçus, publiés, imprimés, ni autrement mis à exécution, sans l'autorisation du Gouvernement[1].

2. Aucun individu se disant nonce, légat, vicaire ou commissaire apostolique, ou se prévalant de toute autre dénomination, ne pourra, sans la même autorisation, exercer sur le sol français, ni ailleurs, aucune fonction relative aux affaires de l'Église gallicane.

3. Les décrets des synodes étrangers, même ceux des conciles généraux, ne pourront être publiés en France avant que le Gouvernement en ait examiné la forme, leur conformité avec les lois, droits et franchises de la République française, et tout ce qui, dans leur publication, pourrait altérer ou intéresser la tranquillité publique.

4. Aucun concile national ou métropolitain, aucun synode diocésain, aucune assemblée délibérante n'aura lieu sans la permission expresse du Gouvernement.

5. Toutes les fonctions ecclésiastiques seront gratuites, sauf les oblations qui seraient autorisées et fixées par les règlements.

6. Il y aura recours au conseil d'état dans tous les cas d'abus de la part des supérieurs et autres personnes ecclésiastiques. Les cas d'abus sont: l'usurpation ou l'excès de pouvoir, la contravention aux lois et règlements de la République, l'infraction des règles consacrées par les canons reçus en France, l'attentat aux libertés, franchises et coutumes de l'Église gallicane, et toute entreprise ou tout

[1] Voir ci-après l'article 1er du décret du 28 février 1810, p. 24, qui excepte de cette disposition les brefs de la pénitencerie, pour le for intérieur seulement.

procédé qui, dans l'exercice du culte, peut compromettre l'honneur des citoyens, troubler arbitrairement leur conscience, dégénérer contre eux en oppression, ou en injure, ou en scandale public.

7. Il y aura pareillement recours au conseil d'état s'il est porté atteinte à l'exercice public du culte et à la liberté que les lois et les règlements garantissent à ses ministres.

8. Le recours compétera à toute personne intéressée. A défaut de plainte particulière, il sera exercé d'office par les préfets. Le fonctionnaire public, l'ecclésiastique ou la personne qui voudra exercer ce recours, adressera un mémoire détaillé et signé au conseiller d'État chargé de toutes les affaires concernant les cultes, lequel sera tenu de prendre, dans le plus court délai, tous les renseignements convenables; et, sur son rapport, l'affaire sera suivie et définitivement terminée dans la forme administrative, ou renvoyée, selon l'exigence des cas, aux autorités compétentes.

TITRE II.

Des ministres.

SECTION I".

Dispositions générales.

9. Le culte catholique sera exercé sous la direction des archevêques et évêques dans leurs diocèses, et sous celle des curés dans leurs paroisses.

10. Tout privilége portant exemption ou attribution de la juridiction épiscopale est aboli.

11. Les archevêques et évêques pourront, avec l'auto-

risation du Gouvernement, établir dans leurs diocèses des chapitres cathédraux et des séminaires. Tous autres établissements ecclésiastiques sont supprimés [1].

12. Il sera libre aux archevêques et évêques d'ajouter à leur nom le titre de *citoyen* ou celui de *monsieur*. Toutes autres qualifications sont interdites.

SECTION II.

Des archevêques ou métropolitains.

13. Les archevêques consacreront et installeront leurs suffragants. En cas d'empêchement ou de refus de leur part, ils seront suppléés par le plus ancien évêque de l'arrondissement métropolitain.

14. Ils veilleront au maintien de la foi et de la discipline dans les diocèses dépendant de leur métropole.

15. Ils connaîtront des réclamations et des plaintes contre la conduite et les décisions des évêques suffragants.

SECTION III.

Des évêques, des vicaires généraux et des séminaires.

16. On ne pourra être nommé évêque avant l'âge de trente ans et si l'on n'est originaire français [2].

17. Avant l'expédition de l'arrêté de nomination, celui

---

[1] Cette dernière disposition a successivement reçu plusieurs exceptions. Voir notamment le décret du 3 messidor an XII, p. 203; l'ordonnance du 5 octobre 1814, p. 60; la loi du 2 janvier 1817, p. 171; celle du 24 mai 1825, p. 215. Voir aussi une circulaire du ministre des affaires ecclésiastiques, du 25 octobre 1824, demandant aux évêques et aux préfets des renseignements sur la situation des établissements diocésains, *cathédrales, évêchés et séminaires.*

[2] Voir les articles 2 et 4 de l'ordonnance du 25 décembre 1830, p. 29.

où ceux qui seront proposés seront tenus de rapporter une attestation de bonnes vie et mœurs, expédiée par l'évêque dans le diocèse duquel ils auront exercé les fonctions du ministère ecclésiastique, et ils seront examinés sur leur doctrine par un évêque et deux prêtres qui seront commis par le premier Consul, lesquels adresseront le résultat de leur examen au conseiller d'état chargé de toutes les affaires concernant les cultes.

18. Le prêtre nommé par le premier Consul fera les diligences pour rapporter l'institution du Pape. Il ne pourra exercer aucune fonction avant que la bulle portant son institution ait reçu l'attache du Gouvernement, et qu'il ait prêté en personne le serment prescrit par la convention passée entre le Gouvernement français et le Saint-Siége. Ce serment sera prêté au premier Consul; il en sera dressé procès-verbal par le secrétaire d'état.

19. Les évêques nommeront et institueront les curés; néanmoins ils ne manifesteront leur nomination et ils ne donneront l'institution canonique qu'après que cette nomination aura été agréée par le premier Consul [1].

20. Ils seront tenus de résider dans leurs diocèses; ils ne pourront en sortir qu'avec la permission du premier Consul [2].

21. Chaque évêque pourra nommer deux vicaires généraux, et chaque archevêque pourra en nommer trois : ils les choisiront parmi les prêtres ayant les qualités requises pour être évêques [3].

[1] Une circulaire du ministre des cultes, du 30 septembre 1830, a rappelé aux évêques la nécessité d'observer les dispositions de cet article.

[2] Voir une circulaire du 9 juin 1841, qui a rappelé cette obligation.

[3] Voir la note 2 de la page 8.

22. Ils visiteront annuellement et en personne une partie de leur diocèse, et, dans l'espace de cinq ans, le diocèse entier. En cas d'empêchement légitime, la visite sera faite par un vicaire général.

23. Les évêques seront chargés de l'organisation de leurs séminaires, et les règlements de cette organisation seront soumis à l'approbation du premier Consul[1].

24. Ceux qui seront choisis pour l'enseignement dans les séminaires souscriront la déclaration faite par le clergé de France en 1682, et publiée par un édit de la même année; ils se soumettront à y enseigner la doctrine qui y est contenue, et les évêques adresseront une expédition en forme de cette soumission au conseiller d'état chargé de toutes les affaires concernant les cultes[2].

25. Les évêques enverront, toutes les années, à ce conseiller d'état, le nom des personnes qui étudieront dans les séminaires et qui se destineront à l'état ecclésiastique.

26. Ils ne pourront ordonner aucun ecclésiastique s'il ne justifie d'une propriété produisant au moins un revenu annuel de trois cents francs, s'il n'a atteint l'âge de vingt-cinq ans[3], et s'il ne réunit les qualités requises par les canons reçus en France. Les évêques ne feront aucune ordination avant que le nombre des personnes à ordonner ait été soumis au Gouvernement et par lui agréé.

[1] Voir la section IV de ce recueil, p. 50.
[2] Voir ci-après le décret du 25 février 1810, p. 24.
[3] Ces dispositions ont été abrogées et remplacées par les articles 2, 3 et 4 du décret du 28 février 1810, p. 24.

SECTION IV.

Des curés [1].

27. Les curés ne pourront entrer en fonctions qu'après avoir prêté entre les mains du préfet le serment prescrit par la convention passée entre le Gouvernement et le Saint-Siége. Il sera dressé procès-verbal de cette prestation par le secrétaire général de la préfecture, et copie collationnée leur en sera délivrée.

28. Ils seront mis en possession par le curé ou le prêtre que l'évêque désignera.

29. Ils seront tenus de résider dans leurs paroisses [2].

30. Les curés seront immédiatement soumis aux évêques dans l'exercice de leurs fonctions.

31. Les vicaires et desservants exerceront leur ministère sous la surveillance et direction des curés. Ils seront approuvés par l'évêque et révocables par lui.

32. Aucun étranger ne pourra être employé dans les fonctions du ministère ecclésiastique sans la permission du Gouvernement.

33. Toute fonction est interdite à tout ecclésiastique, même français, qui n'appartient à aucun diocèse [3].

34. Un prêtre ne pourra quitter son diocèse pour aller desservir dans un autre, sans la permission de son évêque.

[1] Voir la section VI de ce recueil, p. 66.
[2] Voir le décret du 17 novembre 1811 et l'article 8 de la loi du 23 avril 1833, p. 151 et 158.
[3] Voir les circulaires du ministre des cultes aux préfets et aux évêques, en date des 3 et 5 février 1831, relatives à l'*église française.*

SECTION V.

Des chapitres cathédraux et du gouvernement des diocèses pendant la vacance du siége.

35. Les archevêques et évêques qui voudront user de la faculté qui leur est donnée d'établir des chapitres ne pourront le faire sans avoir rapporté l'autorisation du Gouvernement, tant pour l'établissement lui-même que pour le nombre et le choix des ecclésiastiques destinés à les former.

36. Pendant la vacance des siéges, il sera pourvu par le métropolitain, et, à son défaut, par le plus ancien des évêques suffragants, au gouvernement des diocèses. Les vicaires généraux de ces diocèses continueront leurs fonctions, même après la mort de l'évêque, jusqu'à son remplacement [1].

37. Les métropolitains, les chapitres cathédraux seront tenus, sans délai, de donner avis au Gouvernement de la vacance des siéges et des mesures qui auront été prises pour le gouvernement des diocèses vacants.

38. Les vicaires généraux qui gouverneront pendant la vacance, ainsi que les métropolitains ou capitulaires, ne se permettront aucune innovation dans les usages et coutumes des diocèses.

TITRE III.

Du culte.

39. Il n'y aura qu'une liturgie et un catéchisme pour toutes les églises catholiques de France [2].

[1] Cet article a été abrogé et remplacé par les articles 5 et 6 du décret du 28 février 1810, p. 24.

[2] Voir le décret du 4 avril 1806, relatif au catéchisme.

40. Aucun curé ne pourra ordonner des prières publiques extraordinaires dans sa paroisse, sans la permission spéciale de l'évêque.

41. Aucune fête, à l'exception du dimanche, ne pourra être établie sans la permission du Gouvernement [1].

42. Les ecclésiastiques useront, dans les cérémonies religieuses, des habits et ornements convenables à leur titre; ils ne pourront, dans aucun cas ni sous aucun prétexte, prendre la couleur et les marques distinctives réservées aux évêques.

43. Tous les ecclésiastiques seront habillés à la française, et en noir. Les évêques pourront joindre à ce costume la croix pastorale et les bas violets [2].

44. Les chapelles domestiques, les oratoires particuliers, ne pourront être établis sans la permission expresse du Gouvernement, accordée sur la demande de l'évêque [3].

45. Aucune cérémonie religieuse n'aura lieu hors des édifices consacrés au culte catholique, dans les villes où il y a des temples destinés à différents cultes [4].

[1] Les fêtes consacrées ont été fixées par l'arrêté du 29 germinal an x, prescrivant la publication de la bulle de ratification du concordat. Du reste, l'inexécution presque habituelle des dispositions relatives aux fêtes supprimées, a donné lieu à plusieurs circulaires ministérielles, et notamment à celles des 30 nivôse an xi, 23 juin 1808, 19 octobre 1813, 30 novembre 1830 et 25 juin 1835.

[2] Cet article a été modifié par un arrêté du 17 nivôse an xii (Duvergier, 2ᵉ édition), qui a permis aux ecclésiastiques de continuer à porter les habits convenables à leur état, suivant les canons, règlements et usages de l'église.

[3] Voir la section X de ce recueil, p. 146.

[4] Une circulaire du ministre de l'intérieur, en date du 30 germinal an xi, porte que l'article 45 des articles organiques du culte catholique

46. Le même temple ne pourra être consacré qu'à un même culte.

47. Il y aura, dans les cathédrales et paroisses, une place distinguée pour les individus catholiques qui remplissent les autorités civiles et militaires [1].

48. L'évêque se concertera avec le préfet pour régler la manière d'appeler les fidèles au service divin par le son des cloches : on ne pourra les sonner pour toute autre cause sans la permission de la police locale.

49. Lorsque le Gouvernement ordonnera des prières publiques, les évêques se concerteront avec le préfet et le commandant militaire du lieu, pour le jour, l'heure et le mode d'exécution de ces ordonnances.

50. Les prédications solennelles appelées *sermons*, et celles connues sous le nom de *stations* de l'Avent et du Carême, ne seront faites que par des prêtres qui en auront obtenu une autorisation spéciale de l'évêque.

51. Les curés, aux prônes des messes paroissiales, prieront et feront prier pour la prospérité de la République française et pour les Consuls.

52. Ils ne se permettront, dans leurs instructions, aucune inculpation directe ou indirecte, soit contre les personnes, soit contre les autres cultes autorisés dans l'état.

ne doit s'appliquer qu'aux communes où il y a une église consistoriale reconnue, et que l'intention du Gouvernement est que les cérémonies extérieures puissent se faire librement dans les autres communes.

[1] Voir à la section VII, p. 87, l'article 21 du décret du 30 décembre 1809. Voir aussi, à la section VIII, l'avis du Conseil d'État du 4 juin 1809, p. 137. Voir enfin une circulaire du ministre des cultes, du 27 octobre 1807, qui porte que, dans les paroisses composées de plusieurs communes, il n'est dû aucune place distinguée aux maires et adjoints qui n'ont pas sur leur territoire l'église curiale.

53. Ils ne feront au prône aucune publication étrangère à l'exercice du culte, si ce n'est celles qui seront ordonnées par le Gouvernement.

54. Ils ne donneront la bénédiction nuptiale qu'à ceux qui justifieront, en bonne et due forme, avoir contracté mariage devant l'officier civil [1].

55. Les registres tenus par les ministres du culte, n'étant et ne pouvant être relatifs qu'à l'administration des sacrements, ne pourront, dans aucun cas, suppléer les registres ordonnés par la loi pour constater l'état civil des Français.

56. Dans tous les actes ecclésiastiques et religieux, on sera obligé de se servir du calendrier d'équinoxe établi par les lois de la République. On désignera les jours par les noms qu'ils avaient dans le calendrier des solstices [2].

57. Le repos des fonctionnaires publics est fixé au dimanche [3].

TITRE IV.

De la circonscription des archevêchés, des évêchés et des paroisses; des édifices destinés au culte, et du traitement des ministres.

SECTION Iʳᵉ.

De la circonscription des archevêchés et des évêchés.

58. Il y aura en France dix archevêchés ou métropoles, et cinquante évêchés.

[1] Voir les articles 199 et 200 du Code pénal, p. 78, ci-après.

[2] Voir le sénatus-consulte du 22 fructidor an XIII, portant rétablissement du calendrier grégorien.

[3] Voir la loi du 18 novembre 1814 sur l'observation des fêtes et dimanches, p. 26.

59. La circonscription des métropoles et des diocèses sera faite conformément au tableau ci-joint [1].

SECTION II.

De la circonscription des paroisses.

60. Il y aura au moins une paroisse dans chaque justice de paix. Il sera, en outre, établi autant de succursales que le besoin pourra l'exiger [2].

61. Chaque évêque, de concert avec le préfet, règlera le nombre et l'étendue de ces succursales. Les plans arrêtés seront soumis au Gouvernement, et ne pourront être mis à exécution sans son autorisation.

62. Aucune partie du territoire français ne pourra être érigée en cure ou en succursale sans l'autorisation expresse du Gouvernement.

63. Les prêtres desservant les succursales sont nommés par les évêques.

SECTION III.

Du traitement des ministres [3].

64. Le traitement des archevêques sera de quinze mille francs.

65. Le traitement des évêques sera de dix mille francs [4].

[1] Voir la loi du 4 juillet 1821, p. 28, ci-après.

[2] Voir, pour la circonscription générale des paroisses, les décrets des 11 prairial an XII, 30 septembre 1807 et 28 août 1808. (Ce dernier n'a pas été publié.)

[3] Voir la section XI de ce recueil, p. 148.

[4] Ces traitements, après avoir successivement reçu diverses augmentations, ont été ramenés à 15,000 et 10,000 francs par une ordon-

66. Les curés seront distribués en deux classes [1]. Le traitement des curés de la 1re classe sera porté à quinze cents francs; celui des curés de la 2e classe, à mille francs [2].

67. Les pensions dont ils jouissent en exécution des lois de l'assemblée constituante [3] seront précomptées sur leur traitement. Les conseils généraux des grandes communes pourront, sur leurs biens ruraux ou sur leurs octrois, leur accorder une augmentation de traitement, si les circonstances l'exigent [4].

68. Les vicaires et desservants seront choisis parmi les ecclésiastiques pensionnés en exécution des lois de l'assemblée constituante. Le montant de ces pensions et le produit des oblations formeront leur traitement.

69. Les évêques rédigeront les projets de règlements relatifs aux oblations que les ministres du culte sont autorisés à recevoir pour l'administration des sacrements. Les projets de règlements, rédigés par les évêques, ne pourront être publiés, ni autrement mis à exécution, qu'après avoir été approuvés par le Gouvernement.

70. Tout ecclésiastique, pensionnaire de l'état, sera privé de sa pension, s'il refuse, sans cause légitime, les fonctions qui pourront lui être confiées.

nance du 25 mai 1832, rendue en exécution de la loi de finances du 21 avril précédent.

[1] Voir l'ordonnance du 6 avril 1832, p. 77, ci-après.

[2] Une ordonnance du 21 novembre 1827 a élevé le traitement des curés de 2e classe à 1,200 francs.

[3] Il s'agit là des pensions allouées, soit aux ecclésiastiques titulaires de bénéfices en 1790, soit aux membres des congrégations supprimées à la même époque, afin de les indemniser de la confiscation de leurs biens.

[4] Voir l'arrêté du 18 germinal an XI; voir aussi les lois des 18 juille 1837 et 10 mai 1838.

71. Les conseils généraux de départements sont autorisés à procurer aux archevêques et évêques un logement convenable [1].

72. Les presbytères et les jardins attenants, non aliénés, seront rendus aux curés et aux desservants des succursales. A défaut de ces presbytères, les conseils généraux des communes sont autorisés à leur procurer un logement et un jardin [2].

73. Les fondations qui ont pour objet l'entretien des ministres et l'exercice du culte ne pourront consister qu'en rentes constituées sur l'état; elles seront acceptées par l'évêque diocésain, et ne pourront être exécutées qu'avec l'autorisation du Gouvernement [3].

74. Les immeubles, autres que les édifices destinés au logement, et les jardins attenants, ne pourront être affectés à des titres ecclésiastiques, ni possédés par les ministres du culte à raison de leurs fonctions.

SECTION IV.

Des édifices destinés au culte.

75. Les édifices anciennement destinés au culte catholique, actuellement dans les mains de la nation, à raison d'un édifice par cure et par succursale, seront mis à la disposition des évêques, par arrêté du préfet du département. Une expédition de ces arrêtés sera adressée au conseiller d'état, chargé de toutes les affaires concernant les cultes.

[1] Voir l'arrêté du 18 germinal an XI; voir aussi les lois des 18 juillet 1837 et 10 mai 1838.

[2] Voir la section VIII de ce recueil, p. 135.

[3] Voir à la sect. XII, p. 171, là loi du 2 janv. 1817, qui abroge cet article.

76. Il sera établi des fabriques pour veiller à l'entretien et à la conservation des temples, à l'administration des aumônes [1].

77. Dans les paroisses où il n'y aura point d'édifice disponible pour le culte, l'évêque se concertera avec le préfet pour la désignation d'un édifice convenable.

Suit le tableau de la circonscription des archevêchés et évêchés de France, conformément à l'article 59 ci-dessus [2].

DÉCRET

QUI DÉCLARE LOI GÉNÉRALE DE L'EMPIRE L'ÉDIT DE MARS 1682 SUR LA DÉCLARATION DU CLERGÉ DE FRANCE.

25 février 1810. (IV, Bull. 269, n° 5221.)

L'édit de Louis XIV, sur la déclaration faite par le clergé de France de ses sentiments touchant la puissance ecclésiastique, donné au mois de mars 1682, et enregistré au parlement le 23 dudit mois, est déclaré loi générale de notre empire.

Duquel édit la teneur suit :

« Louis, etc.

« Bien que l'indépendance de notre couronne de toute autre puissance que de Dieu soit une vérité certaine et incontestable, et établie sur les propres paroles de Jésus-Christ, nous n'avons pas laissé de recevoir avec plaisir la déclaration que les députés du clergé de France, assemblés

[1] Voir la section VII de ce recueil, p. 81.
[2] Voir ci-après la loi du 4 juillet 1821, p. 28.

2.

par notre permission en notre bonne ville de Paris, nous
ont présentée, contenant leurs sentiments touchant la
puissance ecclésiastique; et nous avons d'autant plus volon-
tiers écouté la supplication que lesdits députés nous ont
faite de faire publier cette déclaration dans notre royaume,
qu'étant faite par une assemblée composée de tant de personnes également recommandables par leurs vertus et
par leur doctrine, et qui s'emploient avec tant de zèle à
tout ce qui peut être avantageux à l'Église et à notre service, la sagesse et la modération avec lesquelles ils ont
expliqué les sentiments que l'on doit avoir sur ce sujet,
peuvent beaucoup contribuer à confirmer nos sujets dans
le respect qu'ils sont tenus, comme nous, de rendre à
l'autorité que Dieu a donnée à l'Église, et à ôter, en même
temps, aux ministres de la religion prétendue réformée,
le prétexte qu'ils prennent des livres de quelques auteurs,
pour rendre odieuse la puissance légitime du chef visible
de l'Église et du centre de l'unité ecclésiastique. A ces
causes, et autres bonnes et grandes considérations à ce
nous mouvant, après avoir fait examiner ladite déclaration
en notre conseil, nous, par notre présent édit perpétuel et
irrévocable, avons dit, statué et ordonné, disons, statuons
et ordonnons, voulons et nous plaît que ladite déclaration
des sentiments du clergé sur la puissance ecclésiastique,
ci-attachée sous le contre-scel de notre chancellerie, soit
enregistrée dans toutes nos cours de parlement, bailliages,
sénéchaussées, universités et facultés de théologie et de
droit canon de notre royaume, pays, terres et seigneuries
de notre obéissance.

« Art. 1ᵉʳ. Défendons à tous nos sujets, et aux étrangers
étant dans notre royaume, séculiers et réguliers, de quelque

ordre, congrégation et société qu'ils soient, d'enseigner
dans leurs maisons, colléges et séminaires, ou d'écrire aucune chose contraire à la doctrine contenue en icelle.

« 2. Ordonnons que ceux qui seront dorénavant choisis
pour enseigner la théologie dans tous les colléges de chaque université, soit qu'ils soient séculiers ou réguliers,
souscriront ladite déclaration aux greffes des facultés de
théologie, avant de pouvoir faire cette fonction dans les
colléges ou maisons séculières et régulières; qu'ils se soumettront à enseigner la doctrine qui y est expliquée, et
que les syndics des facultés de théologie présenteront
aux ordinaires des lieux, et à nos procureurs généraux, des
copies desdites soumissions, signées par les greffiers desdites
facultés.

« 3. Que, dans tous les colléges et maisons desdites universités où il y aura plusieurs professeurs, soit qu'ils
soient séculiers ou réguliers, l'un d'eux sera chargé, tous
les ans, d'enseigner la doctrine contenue en ladite déclaration; et, dans les colléges où il n'y aura qu'un seul professeur, il sera obligé de l'enseigner l'une des trois années
consécutives.

« 4. Enjoignons aux syndics des facultés de théologie de
présenter, tous les ans, avant l'ouverture des leçons, aux
archevêques et évêques des villes où elles sont établies, et
d'envoyer à nos procureurs généraux les noms des professeurs qui seront chargés d'enseigner ladite doctrine, et auxdits professeurs de représenter auxdits prélats et à nosdits
procureurs généraux les écrits qu'ils dicteront à leurs éco-
liers, lorsqu'ils leur ordonnerons de le faire.

« 5. Voulons qu'aucun bachelier, soit séculier ou régulier, ne puisse être dorénavant licencié, tant en théologie

qu'en droit canon, ni être reçu docteur, qu'après avoir soutenu ladite doctrine dans l'une de ses thèses, dont il fera apparoir à ceux qui ont droit de conférer ces degrés dans les universités.

« 6. Exhortons néanmoins et enjoignons à tous les archevêques et évêques de notre royaume, pays, terres et seigneuries de notre obéissance, d'employer leur autorité pour faire enseigner, dans l'étendue de leurs diocèses, la doctrine contenue dans ladite déclaration, faite par lesdits députés du clergé.

« 7. Ordonnons aux doyens et syndics des facultés de théologie de tenir la main à l'exécution des présentes, à peine d'en répondre en leur propre et privé nom.

« Si donnons en mandement, etc.

« Cleri gallicani de ecclesiastica potestate declaratio.

« Ecclesiæ gallicanæ decreta et libertates à majoribus nos-
« tris tanto studio propugnatas, earumque fundamenta sacris
« canonibus et patrum traditione nixa, multi diluere mo-
« liuntur; nec desunt qui earum obtentu primatum beati
« Petri ejusque successorum romanorum pontificum à Chri-
« sto institutum, iisque debitam ab omnibus christianis obe-
« dientiam, Sedisque apostolicæ, in qua fides prædicatur et
« unitas servatur Ecclesiæ, reverendam omnibus gentibus
« majestatem imminere non vereantur. Hæretici quoque ni-
« hil prætermittunt quo eam potestatem, qua pax Ecclesiæ
« continetur, invidiosam et gravem regibus et populis os-
« tentent, iisque fraudibus simplices animas et Ecclesiæ ma-
« tris Christique adeo communione dissocient. Quæ ut
« incommoda propulsemus, nos archiepiscopi et episcopi
« Parisiis mandato regio congregati, ecclesiam gallicanam

« repræsentantes, una cum cæteris ecclesiasticis viris nobis-
« cum deputatis, diligenti tractatu habito, hæc sancienda
« et declaranda esse duximus :

« 1. Primum beato Petro ejusque successoribus Christi
« vicariis ipsique Ecclesiæ rerum spiritualium et ad æternam
« salutem pertinentium, non autem civilium ac tempora-
« lium, a Deo traditam potestatem, dicente Domino : *Reg-*
« *num meum non est de hoc mundo;* et iterum : *Reddite ergo*
« *quæ sunt Cæsaris Cæsari, et quæ sunt Dei Deo;* ac proinde
« stare apostolicum illud : *Omnis anima potestatibus sublimio-*
« *ribus subdita sit, non est enim potestas nisi à Deo : quæ autem*
« *sunt, à Deo ordinatæ sunt; itaque qui potestati resistit, Dei*
« *ordinationi resistit.* Reges ergo et principes in temporalibus
« nulli ecclesiasticæ potestati Dei ordinatione subjici, neque
« auctoritate clavium Ecclesiæ directe vel indirecte deponi,
« aut illorum subditos eximi a fide atque obedientia, ac præ-
« stito fidelitatis sacramento solvi posse ; eamque sententiam
« publicæ tranquillitati necessariam, nec minus Ecclesiæ
« quam imperio utilem, ut verbo Dei, patrum traditioni, ut
« sanctorum exemplis consonam omnino retinendam.

« 2. Sic autem inesse apostolicæ Sedi ac Petri successori-
« bus Christi vicariis rerum spiritualium plenam potestatem,
« ut simul valeant atque immuta consistant sanctæ œcume-
« nicæ synodi Constantiensis à Sede apostolica comprobata,
« ipsoque romanorum pontificum ac totius Ecclesiæ usu con-
« firmata, atque ab ecclesia gallicana perpetua religione cus-
« todita, decreta de auctoritate conciliorum generalium quæ
« sessione quarta et quinta continentur; nec probari a galli-
« cana ecclesia qui eorum decretorum, quasi dubiæ sint
« auctoritatis ac minus approbata, robur infringant, aut ad
« solum schismaticis tempus dicta detorqueant.

« 3. Hinc apostolicæ potestatis usum moderandum per
« canones spiritu Dei conditos et totius mundi reverentia
« consecratos : valere etiam regulas, mores et instituta a re-
« gno et ecclesia gallicana recepta, patrumque terminos ma-
« nere inconcussos; atque id pertinere ad amplitudinem
« apostolicæ Sedis, ut statuta et consuetudines tantæ Sedis
« et ecclesiarum consensiones firmatæ propriam stabilitatem
« obtineant.

« 4. In fidei quoque quæstionibus præcipuas summi pon-
« tificis esse partes, ejusque decreta ad omnes et singulas
« ecclesias pertinere, nec tamen irreformabile esse judicium
« nisi Ecclesiæ consensus accesserit.

« 5. Quæ accepta a patribus ad omnes ecclesias gallicanas,
« atque episcopos iis Spiritu Sancto auctore præsidentes, mit-
« tenda decrevimus, ut id ipsum dicamus omnes, simusque
« in eodem sensu et in eadem sententia.

DÉCRET

CONTENANT DES MODIFICATIONS AUX ARTICLES ORGANIQUES
DU CONCORDAT.

28 février 1810. (IV, Bull. 268, n° 5208.)

Vu le rapport qui nous a été fait sur les plaintes relatives
aux lois organiques du concordat, par le conseil des évêques
réunis d'après nos ordres dans notre bonne ville de Paris,

Désirant donner une preuve de notre satisfaction aux
évêques et églises de notre empire, et ne rien laisser dans
lesdites lois organiques qui puisse être contraire au bien
du clergé, etc.

Art. 1er. Les brefs de la pénitencerie, pour le for intérieur seulement, pourront être exécutés sans aucune autorisation.

2. La disposition de l'article 26 des lois organiques, portant que « les évêques ne pourront ordonner aucun ecclésiastique, s'il ne justifie d'une propriété produisant au moins un revenu annuel de 300 francs, » est rapportée.

3. Les dispositions du même article 26 des lois organiques, portant que « les évêques ne pourront ordonner aucun ecclésiastique s'il n'a atteint l'âge de 25 ans, » est également rapportée.

4. En conséquence, les évêques pourront ordonner tout ecclésiastique âgé de 22 ans accomplis; mais aucun ecclésiastique ayant plus de 22 ans et moins de 25 ne pourra être admis dans les ordres sacrés qu'après avoir justifié du consentement de ses parents, ainsi que cela est prescrit par les lois civiles pour le mariage des fils âgés de moins de 25 ans accomplis.

5. La disposition de l'article 36 des lois organiques, portant que « les vicaires généraux des diocèses vacants continueront leurs fonctions, même après la mort de l'évêque, jusqu'à remplacement, » est rapportée.

6. En conséquence, pendant les vacances des siéges, il sera pourvu, conformément aux lois canoniques, au gouvernement des diocèses. Les chapitres présenteront à notre ministre des cultes les vicaires généraux qu'ils auront élus, pour leur nomination être reconnue par nous.

LOI

ART. 1er. Les travaux ordinaires seront interrompus les dimanches et jours de fêtes reconnus par la loi de l'État.

2. En conséquence, il est défendu, lesdits jours : 1° aux marchands, d'étaler et de vendre, les ais et volets des boutiques ouverts; 2° aux colporteurs et étalagistes, de colporter et d'exposer en vente leurs marchandises dans les rues et places publiques; 3° aux artisans et ouvriers, de travailler extérieurement et d'ouvrir leurs ateliers; 4° aux charretiers et voituriers employés à des services locaux, de faire des chargements dans les lieux publics de leur domicile.

3. Dans les villes dont la population est au-dessous de cinq mille âmes, ainsi que dans les bourgs et villages, il est défendu aux cabaretiers, marchands de vins, débitants de boissons, traiteurs, limonadiers, maîtres de paume et de billard, de tenir leurs maisons ouvertes, et d'y donner à boire et à jouer lesdits jours pendant le temps de l'office.

4. Les contraventions aux dispositions ci-dessus seront constatées par procès-verbaux des maires et adjoints, ou des commissaires de police.

5. Elles seront jugées par les tribunaux de police simple, et punies d'une amende qui, pour la première fois, ne pourra pas excéder cinq francs.

6. En cas de récidive, les contrevenants pourront être condamnés au maximum des peines de police.

7. Les défenses précédentes ne sont pas applicables : 1° aux marchands de comestibles de toute nature, sauf ce-

pendant l'exécution de l'article 3; 2° à tout ce qui tient au service de santé; 3° aux postes, messageries et voitures publiques; 4° aux voituriers de commerce par terre et par eau, et aux voyageurs; 5° aux usines dont le service ne pourrait être interrompu sans dommage; 6° aux ventes usitées dans les foires et fêtes dites *patronales*, et au débit des mêmes marchandises dans les communes rurales, hors le temps du service divin; 7° aux chargements des navires marchands et autres bâtiments du commerce maritime.

8. Sont également exceptés des défenses ci-dessus les meuniers et les ouvriers employés : 1° à la moisson et autres récoltes; 2° aux travaux urgents de l'agriculture; 3° aux constructions et réparations motivées par un péril imminent; à la charge, dans ces deux derniers cas, d'en demander la permission à l'autorité municipale.

9. L'autorité administrative pourra étendre les exceptions ci-dessus aux usages locaux.

10. Les lois et réglements de police antérieurs, relatifs à l'observation des dimanches et fêtes, sont et demeurent abrogés.

LOI

4 juillet 1821.

ART. 1er. A partir du 1er janvier 1821, les pensions ec-clésiastiques actuellement existantes, et qui sont annuelle-ment retranchées du crédit de la dette publique, à raison du décès des pensionnaires, accroîtront au budget du mi-nistère de l'intérieur, chapitre du Clergé, indépendamment des sommes qui, par suite des décès des pensionnaires en activité, seront ajoutées chaque année au même crédit, pour subvenir au payement du traitement complet de leurs successeurs[2].

2. Cette augmentation de crédit sera employée à la do-tation de douze siéges épiscopaux ou métropolitains, et successivement à la dotation de dix-huit autres siéges dans les villes où le roi le jugera nécessaire : l'établissement et la circonscription de tous ces diocèses seront concertés entre le Roi et le Saint-Siége;

A l'augmentation du traitement des vicaires qui ne re-çoivent du trésor que deux cent cinquante francs; à celui des nouveaux curés, desservants et vicaires à établir, et gé-néralement à l'amélioration du sort des ecclésiastiques, et des anciens religieux et religieuses;

[1] Cette loi a indirectement sanctionné la création de nouveaux siéges épiscopaux, au delà du nombre fixé par le tableau annexé aux articles organiques du concordat de 1801, mais en moindre nombre que ne l'éta-blissait le concordat de 1817, qui n'a, d'ailleurs, pas reçu d'exécution. (Voir les ordonnances des 19 octobre 1821 et 31 octobre 1822, qui ont créé les nouveaux siéges.)

[2] Voir l'article 67 des articles organiques.

A l'accroissement des fonds destinés aux réparations des cathédrales, des bâtiments des évêchés, séminaires et autres édifices du clergé diocésain.

CHARTE CONSTITUTIONNELLE.

14 août 1830.

ART. 5. Chacun professe sa religion avec une égale liberté, et obtient pour son culte la même protection.

6. Les ministres de la religion catholique, apostolique et romaine, professée par la majorité des Français, et ceux des autres cultes chrétiens, reçoivent des traitements du trésor public.

ORDONNANCE

QUI DÉTERMINE LES CONDITIONS D'ADMISSION AUX FONCTIONS D'ÉVÊQUE, VICAIRE GÉNÉRAL, CHANOINE ET CURÉ, ET DE PROFESSEUR DANS LES FACULTÉS DE THÉOLOGIE.

25 décembre 1830 [1]. (IX, Bull. O, XL, n° 996.)

ART. 1er. A dater du 1er janvier 1835, le grade de docteur en théologie sera nécessaire pour être professeur, adjoint ou suppléant dans une faculté de théologie.

2. A dater de la même époque, nul ne pourra être nommé archevêque ou évêque, vicaire général, dignitaire ou membre de chapitre, curé dans une ville chef-lieu de département ou d'arrondissement, s'il n'a obtenu le grade

[1] Les dispositions de cette ordonnance ont été rappelées aux évêques par une circulaire du ministre des cultes, du 29 décembre 1834.

de licencié en théologie; ou s'il n'a rempli, pendant quinze
ans, les fonctions de curé ou de desservant.

3. A compter de ladite époque, nul ne pourra être
nommé curé de chef-lieu de canton, s'il n'est pourvu du
grade de bachelier en théologie, ou s'il n'a rempli, pendant
dix ans, les fonctions de curé ou de desservant.

4. Les dispositions ci-dessus sont applicables à tous ceux
qui, à l'époque de la publication de la présente ordonnance, n'auraient pas encore vingt et un ans accomplis.

5. Les élèves des séminaires situés hors des chefs-lieux
des facultés de théologie seront admis à subir les épreuves
du grade de bachelier en théologie, sur la présentation d'un
certificat constatant qu'ils ont étudié pendant trois ans dans
un séminaire.

SECTION II.
ÉVÊCHÉS ET ARCHEVÊCHÉS [1].

DÉCRET

CONCERNANT L'IMPRESSION DES LIVRES D'ÉGLISE,
DES HEURES ET DES PRIÈRES.

7 germinal an XIII. (IV, Bull. 40, n° 658.)

ART. 1er. Les livres d'église, les heures et prières, ne pourront être imprimés ou réimprimés que d'après la permission donnée par les évêques diocésains, laquelle permission sera textuellement rapportée et imprimée en tête de chaque exemplaire.

2. Les imprimeurs-libraires qui feraient imprimer, réimprimer des livres d'église, des heures ou des prières, sans avoir obtenu cette permission, seront poursuivis conformément à la loi du 19 juillet 1793 [2].

[1] Ce qui concerne la nomination et les pouvoirs des archevêques et évêques est réglé par le concordat et par les articles 9-26 des articles organiques, auxquels il faut se reporter, p. 7. Il peut être utile de consulter aussi le décret du 24 messidor an XII (IV, Bull. 10, n° 110), relatif aux cérémonies publiques, honneurs et préséances, notamment en ce qui concerne les archevêques et évêques, le Saint-Sacrement, les honneurs funèbres, etc.

[2] Sur la propriété littéraire, c'est-à-dire comme contrefacteurs.

DÉCRET

RELATIF AUX ECCLÉSIASTIQUES NOMMÉS ÉVÊQUES
IN PARTIBUS.

7 janvier 1808. (IV, Bull. 172, n° 2913.)

Art. 1er. En exécution de l'article 17 du Code civil, nul ecclésiastique français ne pourra poursuivre ni accepter la collation d'un évêché *in partibus*, faite par le pape, s'il n'y a été préalablement autorisé par nous, sur le rapport de notre ministre des cultes.

2. Nul ecclésiastique français, nommé à un évêché *in partibus*, conformément aux dispositions de l'article précédent, ne pourra recevoir la consécration avant que ses bulles aient été examinées en conseil d'État, et que nous en ayons permis la publication.

DÉCRET

SUR LES FABRIQUES DES ÉGLISES.

(Extrait.)

30 décembre 1809. (IV, Bull. 303, n° 5777.)

CHAPITRE V.

DES ÉGLISES CATHÉDRALES, DES MAISONS ÉPISCOPALES ET DES SÉMINAIRES [1].

ART. 104. Les fabriques des églises métropolitaines et cathédrales continueront d'être composées et administrées conformément aux règlements épiscopaux qui ont été réglés par nous [2].

105. Toutes les dispositions concernant les fabriques paroissiales sont applicables, en tant qu'elles concernent leur administration intérieure, aux fabriques des cathédrales [3].

106. Les départements compris dans un diocèse sont

---

[1] Voir les 4 premiers chapitres de ce décret à la section VII, p. 81. Voir aussi le décret du 15 ventôse an XIII, p. 116, aux termes duquel les biens provenant des cathédrales des anciens diocèses ont été attribués aux fabriques des cathédrales des nouveaux diocèses.

[2] Voir une circulaire du ministre des cultes, en date du 20 mai 1807, relative aux avantages qu'offrirait, dans les cathédrales, la réunion de la cure au chapitre, et une autre circulaire du ministre de l'intérieur, du 22 août 1822, invitant les évêques à maintenir avec exactitude la distinction entre les recettes et les dépenses de la fabrique cathédrale et celles de la fabrique paroissiale existant dans la même église; ou, si les deux fabriques sont réunies, à établir un budget séparé pour chaque service.

[3] Voir la section VII, p. 81.

tenus envers la fabrique de la cathédrale aux mêmes obligations que les communes envers leurs fabriques paroissiales [1].

107. Lorsqu'il surviendra de grosses réparations ou des
reconstructions à faire aux églises cathédrales, aux palais
épiscopaux et aux séminaires diocésains, l'évêque en donnera l'avis officiel au préfet du département dans lequel est
le chef-lieu de l'évêché. Il donnera en même temps un état
sommaire des revenus et des dépenses de sa fabrique, en
faisant sa déclaration des revenus qui restent libres après
les dépenses ordinaires de la célébration du culte.

108. Le préfet ordonnera que, suivant les formes établies pour les travaux publics, en présence d'une personne
à ce commise par l'évêque, il soit dressé un devis estimatif
des ouvrages à faire.

109. Ce rapport sera communiqué à l'évêque, qui l'enverra au préfet avec ses observations. Ces pièces seront
ensuite transmises par le préfet, avec son avis, à notre ministre de l'intérieur; il en donnera connaissance à notre
ministre des cultes.

110. Si les réparations sont à la fois nécessaires et urgentes, notre ministre de l'intérieur ordonnera qu'elles
soient provisoirement faites sur les premiers deniers dont
les préfets pourront disposer, sauf le remboursement avec
les fonds qui seront faits pour cet objet par le conseil général du département, auquel il sera donné communication du
budget de la fabrique de la cathédrale, et qui pourra user de

[1] Aujourd'hui les départements ne sont tenus à aucune obligation à cet
égard; c'est l'État qui subvient à l'entretien, aux réparations et aux reconstructions des cathédrales, des palais épiscopaux et des séminaires.
(Voir l'article 28 de la loi de finances du 31 juillet 1821.)

la faculté accordée aux conseils municipaux par l'article 96.

111. S'il y a dans le même évêché plusieurs départements, la répartition entre eux se fera dans les proportions ordinaires; si ce n'est que le département où sera le chef-lieu du diocèse payera un dixième de plus.

112. Dans les départements où les cathédrales ont des fabriques ayant des revenus dont une partie est assignée à les réparer, cette assignation continuera d'avoir lieu, et seront, au surplus, les réparations faites conformément à ce qui est prescrit ci-dessus.

113. Les fondations, donations ou legs faits aux églises cathédrales, seront acceptés, ainsi que ceux faits aux séminaires, par l'évêque diocésain; sauf notre autorisation, donnée en conseil d'état, sur le rapport de notre ministre des cultes[1].

DÉCRET

SUR LA CONSERVATION ET ADMINISTRATION DES BIENS QUE POSSÈDE LE CLERGÉ.
(Extrait.)
6 novembre 1813. (IV, Bull. 536, n° 9860.)

TITRE II.
Des biens des menses épiscopales[2].

ART. 29. Les archevêques et évêques auront l'administration des biens de leur mense, ainsi qu'il est expliqué aux articles 6 et suivants de notre présent décret[3].

[1] Voir l'article 67 du décret du 6 novembre 1813, p. 54, et voir aussi les divers actes réunis à la section XII, p. 169.

[2] Voir les trois autres titres de ce décret aux sections III, IV et VI.

[3] Voir ces articles à la section VI, p. 69.

30. Les papiers, titres, documents concernant les biens de ces menses, les comptes, les registres, les sommiers, seront déposés aux archives du secrétariat de l'archevêché ou évêché.

31. Il sera dressé, si fait n'a été, un inventaire des titres et papiers, et il sera formé un registre-sommier, conformément à l'article 56 du règlement sur les fabriques.

32. Les archives de la mense seront renfermées dans des caisses ou armoires, dont aucune pièce ne pourra être retirée qu'en vertu d'un ordre souscrit par l'archevêque ou évêque sur le registre-sommier, et au pied duquel sera le récépissé du secrétaire. Lorsque la pièce sera rétablie dans le dépôt, l'archevêque ou évêque mettra la décharge en marge du récépissé.

33. Le droit de régale continuera d'être exercé dans l'empire, ainsi qu'il l'a été de tout temps par les souverains nos prédécesseurs.

34. Au décès de chaque archevêque ou évêque, il sera nommé par notre ministre des cultes un commissaire pour l'administration des biens de la mense épiscopale pendant la vacance.

35. Ce commissaire prêtera, devant le tribunal de première instance, le serment de remplir cette commission avec zèle et fidélité.

36. Il tiendra deux registres, dont l'un sera le livre-journal de sa recette et de sa dépense; dans l'autre, il inscrira de suite, et à leur date, une copie des actes de sa gestion, passés par lui ou à sa requête. Ces registres seront cotés et paraphés par le président du même tribunal.

37. Le juge de paix du lieu de la résidence d'un archevêque ou évêque fera d'office, aussitôt qu'il aura connais-

sance de son décès, l'apposition des scellés dans le palais'ou autres maisons qu'il occupait.

38.ᵉ Dans ce cas, et dans celui où le scellé aurait été apposé à la requête des héritiers, des exécuteurs testamentaires ou des créanciers, le commissaire à la vacance y mettra son opposition, à fin de conservation des droits de la mense, et notamment pour sûreté des réparations à la charge de la succession.

39. Les scellés seront levés et les inventaires faits à la requête du commissaire, les héritiers présents ou appelés, ou à la requête des héritiers, en présence du commissaire.

40. Incontinent après sa nomination, le commissaire sera tenu de la dénoncer aux receveurs, fermiers ou débiteurs, qui seront tenus de verser dans ses mains tous deniers, denrées ou autres choses provenant des biens de la mense, à la charge d'en tenir compte à qui il appartiendra.

41. Le commissaire sera tenu, pendant sa gestion, d'acquitter toutes les' charges ordinaires de la mense; il ne pourra renouveler les baux, ni couper aucun arbre de futaie en masse de bois ou épars, ni entreprendre au delà des coupes ordinaires des bois taillis et de ce qui en est la suite.

42. Il fera, incontinent après la levée des scellés, visiter, en présence des héritiers ou eux appelés, les palais, maisons, fermes et bâtiments dépendants de la mense, par deux experts, que nommera d'office le président du tribunal. Ces experts feront mention, dans leur rapport, du temps auquel ils estimeront que doivent se rapporter les reconstructions à faire, ou les dégradations qui y auront donné lieu; ils feront les devis et estimations des réparations ou reconstructions.

43. Les héritiers seront tenus de remettre, dans les six

mois après la visite, les lieux en bonne et suffisante réparation ; sinon, les réparations seront adjugées au rabais, au
compte des héritiers, à la diligence du commissaire.

44. Les réparations dont l'urgence se ferait sentir pendant sa gestion seront faites par lui, sur les revenus de la
mense, par voie d'adjudication au rabais, si elles excèdent
300 francs.

45. Le commissaire régira depuis le jour du décès jusqu'au temps où le successeur nommé par Sa Majesté se sera
mis en possession. Les revenus de la mense sont au profit
du successeur à compter du jour de sa nomination.

46. Il sera dressé procès-verbal de la prise de possession
par le juge de paix ; ce procès-verbal constatera la remise
de tous les effets mobiliers, ainsi que de tous titres, papiers
et documents concernant la mense, et que les registres du
commissaire ont été arrêtés par ledit juge de paix ; ces registres seront déposés avec les titres de la mense.

47. Les poursuites contre les comptables, soit pour rendre
les comptes, soit pour faire statuer sur les objets de contes-
tation, seront faites devant les tribunaux compétents, par
la personne que le ministre aura commise pour recevoir
les comptes.

48. La rétribution du commissaire sera réglée par le
ministre des cultes ; elle ne pourra excéder 5 centimes pour
franc des revenus, et 3 centimes pour franc du prix du
mobilier dépendant de la succession en cas de vente, sans
pouvoir rien exiger pour les vacations ou voyages auxquels
il sera tenu tant que cette gestion le comportera.

ORDONNANCE

CONCERNANT LE MOBILIER DES ARCHEVÊCHÉS ET ÉVÊCHÉS[1].

7 avril 1819. (VII, Bull. 274, n° 6266).

ART. 1er. L'ameublement des archevêchés et évêchés se compose :

1° Des meubles meublants servant à la représentation, tels que glaces, consoles, secrétaires, tentures, lustres, tapis, siéges et autres objets qui garnissent les salons de réception, la salle à manger et le cabinet du prélat;

2° De l'ameublement d'un appartement d'habitation d'honneur;

3° Du mobilier de la chapelle de l'archévêché ou évêché;

4° Des crosses épiscopales et des croix processionnelles des archevêques.

2. L'état actuel et la valeur du mobilier de chaque archevêché et évêché demeurent arrêtés tels qu'ils ont été portés, au 1er janvier de la présente année, dans les inventaires et devis estimatifs dressés en vertu des ordres de notre ministre secrétaire d'état de l'intérieur, et approuvés par lui.

[1] Voir aussi l'ordonnance du 3 février 1830, relative au mode d'exécution de l'article 8 de la loi de finances du 26 juillet 1829, qui prescrivait la formation d'un inventaire du mobilier fourni, soit par l'état, soit par les départements, à des fonctionnaires publics. L'article 8 de cette ordonnance maintient celle du 7 avril 1819, en ajoutant seulement qu'à l'avenir les agents des domaines devront concourir aux récolements annuels faits conformément à ladite ordonnance, et que les inventaires ainsi récolés seront déposés à la direction des domaines dans le département où se trouve le chef-lieu du diocèse.

3. Lorsque la valeur du mobilier, arrêté comme il est dit à l'article précédent, ne s'élèvera pas à une somme équivalente à une année de traitement du titulaire, notre ministre secrétaire d'état de l'intérieur pourra autoriser, au fur et à mesure des besoins, de nouveaux achats de meubles, jusqu'à concurrence de cette somme. Il n'y aura point lieu néanmoins à prescrire des réductions là où l'ameublement aurait actuellement une plus grande valeur.

4. Les sommes nécessaires pour les nouveaux achats de meubles, ainsi que pour l'entretien annuel des ameublements, seront prises sur les fonds affectés aux dépenses fixes ou communes à plusieurs départements. Elles seront mises à la disposition des archevêques, évêques, ou vicaires capitulaires, en cas de vacance du siége, à la charge de rendre compte de leur emploi. Il sera procédé aux allocations à faire et aux comptes arrêtés, comme pour les autres dépenses de même nature : le préfet du département où sera établi le siége soumettra au conseil général, dans sa session ordinaire, les états, devis estimatifs et autres pièces, et il sera définitivement statué par notre ministre secrétaire d'état de l'intérieur.

5. A l'avenir, et ainsi qu'il est réglé par notre ordonnance du 17 décembre 1818, à l'égard du mobilier des préfectures, il sera procédé chaque année, par le préfet ou un conseiller de préfecture désigné par lui, assisté de deux membres du conseil général désignés d'avance par le conseil, au récolement dudit mobilier, concurremment avec le titulaire, ou, en cas de vacance du siége, avec le vicaire capitulaire administrateur du diocèse [1]. Le procès-verbal de cette opération contiendra l'évaluation des sommes jugées

[1] Voir ci-après l'ordonnance du 4 janvier 1832.

nécessaires, soit pour achat, soit pour frais d'entretien, et servira aux propositions à faire en vertu de l'article précédent.

6. En cas de mutation par décès ou autrement, il sera procédé dans les mêmes formes à l'inventaire et au récolement estimatif du mobilier : la succession du défunt, ou l'évêque sortant et l'évêque nommé, pourront s'y faire représenter par des fondés de pouvoirs. Les états de récolement seront signés par le préfet, par les deux membres du conseil général et par les parties intéressées, et seront dressés en triple expédition, dont l'une sera déposée au secrétariat de l'évêché ou de l'archevêché, une autre à la préfecture, et la troisième transmise à notre ministre secrétaire d'état de l'intérieur.

7. Les archevêques et évêques ne seront point responsables de la valeur des meubles, et seront tenus seulement de les représenter.

ORDONNANCE

RELATIVE AU RÉCOLEMENT ANNUEL DU MOBILIER DES ARCHEVÊCHÉS ET ÉVÊCHÉS.

4 janvier 1832. (IX, Bull. O, CXXXV, n° 4013 [1].)

Vu le paragraphe 1er de l'article 5 de l'ordonnance royale du 7 avril 1819, concernant l'ameublement des archevêchés et évêchés;

[1] Cette ordonnance a été transmise aux préfets et aux évêques par une circulaire du ministre des cultes du 6 janvier 1832, qui renvoie, sauf les modifications résultant des dispositions nouvelles, à une précédente circulaire du 22 mars 1831. On peut aussi consulter les circulaires des 1er décembre 1832 et 29 novembre 1835.

Vu l'article 8 de la loi du 26 juillet 1829, et l'article 8 de l'ordonnance royale du 3 février 1830;

Considérant que la dépense des mobiliers des archevêchés et évêchés étant aujourd'hui portée à la charge de l'état, ils sont, par conséquent, sa propriété, d'où il suit que c'est à l'état seul qu'il appartient de veiller à leur conservation;

Le comité de l'intérieur de notre conseil d'état entendu, etc.

Art. 1er. Le premier paragraphe de l'article 5 de l'ordonnance royale du 7 avril 1819, qui prescrit les formes à suivre pour le récolement annuel des mobiliers des archevêchés ou évêchés, est rapporté.

2. Il sera procédé, à la fin de chaque année, audit récolement par le préfet ou un conseiller de préfecture délégué par lui, concurremment avec le titulaire, où, en cas de vacance du siége, avec les vicaires généraux capitulaires administrateurs du diocèse, et avec un des agents du domaine. Dans les départements où le chef-lieu du diocèse est différent de celui de la préfecture, le préfet pourra se faire représenter au récolement par le sous-préfet de l'arrondissement dont fait partie la ville épiscopale.

•3. Les récolements annuels comprendront les parties d'ameublement acquises sur les fonds votés par les conseils généraux depuis 1819, en augmentation du mobilier accordé par l'ordonnance de cette année, et demeurées la propriété spéciale du département. Les conseils généraux pourront, dans ce cas, continuer de désigner un ou deux de leurs membres pour assister au récolement annuel de ces objets.

RÈGLEMENT

SUR LA COMPTABILITÉ DES CULTES.

31 décembre 1841 [1].

(Extrait.)

———

TITRE X.

(Extrait.)

Dépenses de service intérieur des édifices diocésains.

ART: 203. Le ministre fixe, chaque année, pour chaque cathédrale, le crédit applicable aux dépenses pour chantres, musiciens et autres employés des bas-chœurs.

204. Les achats de mobilier pour les évêchés ne sont effectués qu'en vertu de décisions ministérielles. Il en est de même à l'égard des achats d'ornements et autres objets mobiliers pour les fabriques des cathédrales, quand l'état concourt au payement de la dépense. Le prix d'un ornement commencé dans une année et terminé dans une autre peut se diviser par année, selon l'avancement du travail.

205. Les baux à loyer pour le service des cathédrales, évêchés et séminaires, sont toujours soumis à l'approbation du ministre. Il ne peut y être stipulé aucun payement par avance, imputable sur la fin de la jouissance.

Acquisitions et travaux des édifices diocésains.

206. Les acquisitions d'immeubles pour les édifices diocésains ne sont faites qu'en vertu d'ordonnances du Roi.

[1] Ce règlement n'est pas au Bulletin des lois; mais il a été approuvé par le Roi, et il a ainsi le caractère d'une ordonnance royale.

Les contrats en sont transcrits au bureau des hypothèques.

Les formalités prescrites par l'article 2194 du Code civil, par les avis du conseil d'état des 1er juin 1807 et 5 mai 1812, et par l'article 834 du Code de procédure civile, pour la purge des hypothèques légales, sont remplies à la diligence de l'administration.

Le prix ne peut être payé que lorsqu'il est prouvé que les immeubles ne sont grevés d'aucune inscription, et que toutes les conditions souscrites au profit de l'état ont été accomplies.

L'exercice qui doit supporter la dépense, quant aux acquisitions subdivisées par à-compte, est déterminé par les époques d'échéances de payement portées aux contrats.

L'exercice qui doit supporter les intérêts du prix est déterminé par le temps même auquel ces intérêts se rapportent, à moins de stipulations contraires, auquel cas l'exercice est déterminé par la date des échéances.

Les intérêts sont comptés jour par jour.

207. Tous les travaux à faire aux édifices diocésains sont, avant d'être entrepris, autorisés par le ministre.

Les constructions neuves et les grosses réparations sont faites par entreprise et sur adjudication.

Il ne peut être fait aucun changement au projet en cours d'exécution, sans l'autorisation préalable du ministre.

Les travaux de simple entretien des bâtiments se font habituellement par économie et sur mémoires.

Le montant des à-compte à payer avant liquidation dans le cours de chaque année ne doit jamais excéder les cinq sixièmes de la dépense.

Le montant des retenues opérées sur les payements pour

cause de garantie n'est acquitté que lorsque le certificat de réception des ouvrages peut être délivré aux entrepreneurs.

Néanmoins, la totalité du prix des travaux exécutés pendant un exercice est portée en dépense au même exercice.

Si les travaux d'une entreprise embrassent plusieurs exercices, les retenues sont reportées d'année en année, et ajoutées les unes aux autres, de manière à en faire frapper le total sur le prix des derniers travaux exécutés, en complétant successivement le payement des travaux précédents.

208. Les matériaux appartenant à l'administration, et qui seront réemployés pour les besoins du service même d'où ils proviennent, conformément à l'article 18 de l'ordonnance du 31 mai 1838, devront être décrits, pesés ou mesurés, et leur cession, si la valeur peut en être fixée au moment d'entreprendre les travaux, sera prévue dans les devis en déduction de la dépense. Si l'importance des matériaux n'est complétement connue que pendant la durée de l'exécution des travaux, les mêmes détails seront donnés et la déduction sera faite lors du solde de la dépense, sur le compte définitif, le tout certifié par l'architecte qui aura dirigé les travaux.

209. Lorsque des indemnités sont allouées à des architectes ou autres agents, en raison de circonstances qui affectent plusieurs années, sans qu'il soit possible de préciser les charges afférentes à chacune d'elles, telles que déplacement, soins donnés et interrompus, projets dressés et non suivis d'exécution, frais divers, etc. la dépense de ces indemnités appartient à l'année dans laquelle la décision qui les alloue a été rendue.

SECTION III.

CHAPITRES [1].

DÉCRET

SUR LA CONSERVATION ET L'ADMINISTRATION DES BIENS
QUE POSSÈDE LE CLERGÉ.
6 novembre 1813. (IV, Bull. 536, n° 9860.)

TITRE III.

Des biens des chapitres cathédraux et collégiaux [2].

ART. 49. Le corps de chaque chapitre cathédral ou collégial aura, quant à l'administration de ses biens, les mêmes droits et les mêmes obligations qu'un titulaire de biens de cure [3], sauf les explications et modifications ci-après.

50. Le chapitre ne pourra prendre aucune délibération relative à la gestion des biens ou répartition des revenus, si les membres présents ne forment au moins les quatre cinquièmes du nombre total des chanoines existants.

51. Il sera choisi par le chapitre, dans son sein, au scrutin et à la pluralité des voix, deux candidats parmi les-

[1] Voir d'abord l'article 35 des articles organiques. Voir également, pour les dons et legs faits aux chapitres, et pour les remboursements et placements de fonds, la section XII, p. 169; voir aussi, à la section VII, le décret du 15 ventôse an XIII, p. 116.

[2] Voir les trois autres titres de ce décret, aux sections II, IV et VI, p. 35, 52 et 69.

[3] Voir le titre Ier du présent décret. (Section VI, p. 69.)

quels l'évêque nommera un trésorier. Le trésorier aura le pouvoir de recevoir de tous fermiers et débiteurs, d'arrêter les comptes, de donner quittance et décharge, de poursuivre les débiteurs devant les tribunaux, de recevoir les assignations au nom du chapitre, et de plaider quand il aura été dûment autorisé.

52. Le trésorier pourra toujours être changé par le chapitre. Lorsque le trésorier aura exercé cinq ans de suite, il y aura une nouvelle élection, et le même trésorier pourra être présenté comme un des deux candidats.

53. Le trésorier ne pourra plaider en demandant ni en défendant, ni consentir à un désistement, sans qu'il y ait eu délibération du chapitre et autorisation du conseil de préfecture. Il fera tous actes conservatoires et toutes diligences pour les recouvrements.

54. Tous les titres, papiers et renseignements concernant la propriété seront mis dans une caisse ou armoire à trois clefs. Dans les chapitres cathédraux, l'une de ces clefs sera entre les mains du premier dignitaire, la seconde entre les mains du premier officier, et la troisième entre les mains du trésorier. Dans les chapitres collégiaux, l'une de ces clefs sera entre les mains du doyen, la seconde entre les mains du premier officier, et la troisième entre les mains du trésorier.

55. Seront déposés dans cette caisse les papiers, titres et documents, les comptes, les registres, les sommiers et les inventaires, le tout ainsi qu'il est statué par l'article 54 du règlement sur les fabriques; ils ne pourront en être retirés que sur un avis motivé, signé par les trois dépositaires des clefs, et, au surplus, conformément à l'article 57 du même règlement.

56. Il sera procédé aux inventaires des titres et papiers, à leurs récolements et à la formation d'un registre-sommier, conformément aux articles 55 et 56 du même règlement.

57. Les maisons et biens ruraux appartenant aux chapitres ne pourront être loués ou affermés que par adjudication aux enchères sur un cahier des charges approuvé par délibération du chapitre, à moins que le chapitre n'ait, à la pluralité des quatre cinquièmes des chanoines existants, autorisé le trésorier de traiter de gré à gré, aux conditions exprimées dans sa délibération. Une semblable autorisation sera nécessaire pour les baux excédant neuf ans, qui devront toujours être adjugés avec les formalités prescrites par l'article 9 ci-dessus [1].

58. Les dépenses des réparations seront toujours faites sur les revenus de la messe capitulaire, et, s'il arrivait des cas extraordinaires qui exigeassent à la fois plus de moitié d'une année du revenu commun, les chapitres pourront être par nous autorisés, en la forme accoutumée, à faire un emprunt remboursable sur les revenus aux termes indiqués, sinon à vendre la quantité nécessaire de biens, à la charge de former, avec des réserves sur les revenus des années suivantes, un capital suffisant pour remplacer, soit en fonds de terre, soit autrement, le revenu aliéné.

59. Il sera rendu par le trésorier chaque année, au mois de janvier, devant des commissaires nommés à cet effet par le chapitre, un compte de recette et dépense. Ce compte sera dressé conformément aux articles 82, 83 et 84 du rè-

[1] Voir cet article à la sect. VI, p. 70. Voir, d'ailleurs, à la section XII, p. 178, la loi du 25 mai 1835, qui a permis aux établissements publics, d'affermer leurs biens ruraux pour 18 ans, sans autres formalités que pour les baux de 9 ans.

glement sur les fabriques. Il en sera adressé une copie au ministre des cultes.

60. Les chapitres pourront fixer le nombre et les époques des répartitions de la mense, et suppléer par leurs délibérations aux cas non prévus par le présent décret, pourvu qu'ils n'excèdent pas les droits dépendant de la qualité de titulaire.

61. Dans tous les cas énoncés au présent titre, les délibérations du chapitre devront être approuvées par l'évêque; et l'évêque ne jugeant pas à propos de les approuver, si le chapitre insiste, il en sera référé à notre ministre des cultes, qui prononcera.

4

SECTION IV.

DES SÉMINAIRES[1].

LOI

RELATIVE A L'ÉTABLISSEMENT DE SÉMINAIRES,

23 ventôse an XII.

ART. 1er. Il y aura par chaque arrondissement métropolitain, et sous le nom de séminaire, une maison d'instruction pour ceux qui se destinent à l'état ecclésiastique.

2. On y enseignera la morale, le dogme, l'histoire ecclésiastique et les maximes de l'Église gallicane; on y donnera les règles de l'éloquence sacrée.

3. Il y aura des examens ou exercices publics sur les différentes parties de l'enseignement.

4. A l'avenir, on ne pourra être nommé évêque, vicaire général, chanoine ou curé de première classe, sans avoir soutenu un exercice public et rapporté un certificat de capacité sur tous les objets énoncés en l'article 2[2].

5. Pour toutes les autres places et fonctions ecclésias-

[1] Voir d'abord les articles 23-25 des articles organiques. Voir aussi le décret du 9 avril 1809 (IV, Bull. 233, n° 4304), dont l'article 1er exigeait que les élèves qui se présentaient pour être admis dans les séminaires, justifiassent du grade de bachelier ès-lettres. Du reste, les règles du régime impérial sur les séminaires ont été modifiées par l'extension des écoles secondaires ecclésiastiques sous la restauration. (Section V, ci-après.)

[2] Voir l'ordonnance du 25 décembre 1830, p. 29, qui a imposé de nouvelles conditions de capacité.

tiques, il suffira d'avoir soutenu un exercice public sur la morale et sur le dogme, et d'avoir obtenu sur ces objets un certificat de capacité.

6. Les directeurs et professeurs seront nommés par le premier Consul, sur les indications qui seront données par l'archevêque et les évêques suffragants [1].

7. Il sera accordé une maison nationale et une bibliothèque pour chacun des établissements dont il s'agit, et il sera assigné une somme convenable pour l'entretien et les frais desdits établissements [2].

8. Il sera pourvu par des règlements d'administration publique à l'exécution de la présente loi.

DÉCRET

PORTANT ÉTABLISSEMENT DE BOURSES ET DEMI-BOURSES
DANS LES SÉMINAIRES DIOCÉSAINS.

30 septembre 1807. (IV, Bull. 165, n° 2811.)

ART. 1er. A dater du 1er janvier prochain, il sera entretenu à nos frais, dans chaque séminaire diocésain, un nombre de bourses et de demi-bourses, conformément au tableau ci-joint [3].

[1] L'article 3 du décret du 17 mars 1808, sur l'université, a conféré aux archevêques et évêques la direction de l'enseignement dans les séminaires, et le droit de nommer et de révoquer les directeurs et professeurs.

[2] Voir les articles 107 et suivants du décret du 30 décembre 1809, p. 33.

[3] L'ordonnance du 5 juin 1816, portant répartition des fonds destinés, par la loi du 28 avril précédent, à l'amélioration du sort du clergé, a créé, dans les séminaires, mille bourses nouvelles. (Voir d'ailleurs l'ordonnance du 2 novembre 1835, p. 58, ci-après.)

4.

2. Ces bourses et demi-bourses seront accordées par nous, sur la présentation des évêques.

3. Notre trésor public payera annuellement, pour cet objet, quatre cents francs par bourse, et deux cents francs par demi-bourse.

(Suit le tableau).

DÉCRET

SUR LA CONSERVATION ET ADMINISTRATION DES BIENS QUE POSSÈDE LE CLERGÉ.

(Extrait).

6 novembre 1813. (IV, Bull. 536, n° 9860.)

TITRE IV[1].

Des biens des séminaires[2].

ART. 62. Il sera formé, pour l'administration des biens du séminaire de chaque diocèse, un bureau composé de l'un des vicaires généraux, qui présidera en l'absence de

---

[1] Voir les trois autres titres de ce décret aux sections II, III et VI.

[2] L'exécution de ces dispositions paraît avoir rencontré d'assez grandes répugnances, notamment en ce qui concerne la nomination du trésorier et la comptabilité; la preuve de ce fait ressort des circulaires ministérielles des 19 avril 1819, 8 janvier 1824, 26 juillet 1831 et 30 avril 1835, ainsi que de l'ordonnance du 4 mars 1835, rendue en conseil d'état sur un recours comme d'abus. Le Gouvernement semblait d'ailleurs avoir prévu et cherché à prévenir ces difficultés; car, en transmettant ce décret aux évêques, par sa circulaire du 4 décembre 1813, le ministre des

l'évêque, du directeur et de l'économe du séminaire, et d'un quatrième membre remplissant les fonctions de trésorier, qui sera nommé par le ministre des cultes, sur l'avis de l'évêque et du préfet. Il n'y aura aucune rétribution attachée aux fonctions de trésorier.

63. Le secrétaire de l'archevêché ou évêché sera en même temps secrétaire de ce bureau.

64. Le bureau de l'administration du séminaire principal aura en même temps l'administration des autres écoles ecclésiastiques du diocèse.

65. Il y aura aussi, pour le dépôt des titres, papiers et renseignements, des comptes, des registres, des sommiers, des inventaires, conformément à l'article 54 du règlement des fabriques, une caisse ou armoire à trois clefs, qui seront entre les mains des trois membres du bureau.

66. Ce qui aura été ainsi déposé ne pourra être retiré que sur l'avis motivé des trois dépositaires des clefs, et ap-

cultes s'exprimait ainsi : «Je vous invite à composer le bureau d'administration conformément à l'article 62, et à m'indiquer la personne par laquelle vous désirez que les fonctions de trésorier soient remplies, afin de régulariser sa nomination. Il ne résulte des dispositions prises à cet égard aucune atteinte à l'autorité légitime des évêques pour l'administration de leurs séminaires; ils sont toujours, et sans aucun doute, regardés comme des établissements qui doivent rester sous leur autorité: mais le Gouvernement a considéré que tous les établissements publics, sans exception, doivent être soumis à un mode de comptabilité uniforme et régulier. Les évêques n'avaient point de motifs particuliers et suffisants pour demander une exception; ils n'ont jamais eu l'intention que leur administration de séminaire, qui de leur part est toute de bienfaisance et de charité, fût secrète. Il suffit que les personnes dont proviennent les dons ne soient pas nommées. D'ailleurs, cette comptabilité reste entière au département des cultes, entre les évêques et le ministre : le préfet n'y a qu'une part très-secondaire.»

prouvé par l'archevêque ou évêque : l'avis ainsi approuvé restera dans le même dépôt.

67. Tout notaire devant lequel il aura été passé un acte contenant donation entre vifs ou disposition testamentaire au profit d'un séminaire ou d'une école secondaire ecclésiastique, sera tenu d'en instruire l'évêque, qui devra envoyer les pièces, avec son avis, à notre ministre des cultes, afin que, s'il y a lieu, l'autorisation pour l'acceptation soit donnée en la forme accoutumée [1]. Ces dons et legs ne seront assujettis qu'au droit fixe d'un franc.

68. Les remboursements et les placements de deniers provenant de dons ou legs aux séminaires ou aux écoles secondaires seront faits conformément aux décrets et décisions ci-dessus cités [2].

69. Les maisons et biens ruraux des séminaires et des écoles secondaires ecclésiastiques ne pourront être loués ou affermés que par adjudication aux enchères, à moins que l'archevêque ou évêque et les membres du bureau ne soient d'avis de traiter de gré à gré, aux conditions dont le projet signé d'eux sera remis au trésorier, et ensuite déposé dans la caisse à trois clefs. Il en sera fait mention dans l'acte. Pour les baux excédant neuf ans, les formalités prescrites par l'article 9 ci-dessus devront être remplies [3].

70. Nul procès ne pourra être intenté, soit en demandant, soit en défendant, sans l'autorisation du conseil de

---

[1] Voir l'article 113 du décret du 30 décembre 1809, section II, p. 35, et voir aussi les divers actes réunis à la section XII, p. 169.

[2] Voir l'avis du conseil d'état du 21 décembre 1808 et l'ordonnance du 14 janvier 1831, p. 169 et 176.

[3] Voir cet article à la section VI, ci-après, et voir aussi, pour les baux des biens ruraux, la loi du 25 mai 1835, p. 178.

préfecture, sur la proposition de l'archevêque ou évêque, après avoir pris l'avis du bureau d'administration.

71. L'économe sera chargé de toutes les dépenses; celles qui seraient extraordinaires ou imprévues devront être autorisées par l'archevêque ou évêque, après avoir pris l'avis du bureau : cette autorisation sera annexée au compte.

72. Il sera toujours pourvu aux besoins du séminaire principal, de préférence aux autres écoles ecclésiastiques, à moins qu'il n'y ait, soit par l'institution de ces écoles secondaires, soit par les dons ou legs postérieurs, des revenus qui leur auraient été spécialement affectés.

73. Tous deniers destinés aux dépenses des séminaires, et provenant, soit des revenus de biens-fonds ou de rentes, soit de remboursements, soit des secours du Gouvernement, soit des libéralités des fidèles, et en général quelle que soit leur origine, seront, à raison de leur destination pour un service public, versés dans une caisse à trois clefs, établie dans un lieu sûr au séminaire. Une de ces clefs sera entre les mains de l'évêque ou de son vicaire général, l'autre entre celles du directeur du séminaire, et la troisième dans celles du trésorier.

74. Ce versement sera fait, le premier jour de chaque mois, par le trésorier, suivant un état ou bordereau qui comprendra la recette du mois précédent, avec indication d'où provient chaque somme, sans néanmoins qu'à l'égard de celles qui auront été données il soit besoin d'y mettre les noms des donateurs.

75. Le trésorier ne pourra faire, même sous prétexte de dépense urgente, aucun versement que dans ladite caisse à trois clefs.

76. Quiconque aurait reçu pour le séminaire une somme

qu'il n'aurait pas versée dans les trois mois entre les mains du trésorier, et le trésorier lui-même qui n'aurait pas, dans le mois, fait les versements à la caisse à trois clefs, seront poursuivis conformément aux lois concernant le recouvrement des deniers publics.

77. La caisse acquittera, le premier jour de chaque mois, les mandats de la dépense à faire dans le courant du mois, lesdits mandats signés par l'économe et visés par l'évêque. En tête de ces mandats seront les bordereaux indiquant sommairement les objets de la dépense.

78. La commission administrative du séminaire transmettra au préfet, au commencement de chaque semestre, les bordereaux de versement par les économes, et les mandats des sommes payées. Le préfet en donnera décharge, et en adressera les *duplicata* au ministre des cultes, avec ses observations.

79. Le trésorier et l'économe de chaque séminaire rendront au mois de janvier, leurs comptes en recette et en dépense, sans être tenus de nommer les élèves qui auraient eu part aux deniers affectés aux aumônes : l'approbation donnée par l'évêque à ces sortes de dépenses leur tiendra lieu de pièces justificatives.

80. Les comptes seront visés par l'évêque, qui les transmettra au ministre des cultes, et, si aucun motif ne s'oppose à l'approbation, le ministre les renverra à l'évêque, qui les arrêtera définitivement et en donnera décharge.

LOI

SUR LE RECRUTEMENT DE L'ARMÉE.

(Extrait.)

21 mars 1832.

ART. 14. Seront considérés comme ayant satisfait à l'appel, et comptés numériquement en déduction du contingent à fournir, les jeunes gens désignés par leur numéro pour faire partie dudit contingent, qui se trouveront dans l'un des cas suivants :

1°..

5° Les élèves des grands séminaires régulièrement autorisés à continuer leurs études ecclésiastiques, les jeunes gens autorisés à continuer leurs études pour se vouer au ministère dans les autres cultes salariés par l'état, sous la condition, pour les premiers, que, s'ils ne sont pas entrés dans les ordres majeurs à vingt-cinq ans, et, pour les seconds, que, s'ils n'ont pas reçu la consécration dans l'année qui suivra celle où ils auraient pu la recevoir [1], ils seront tenus d'accomplir le temps de service prescrit par la présente loi.

....

Les jeunes gens désignés par leur numéro pour faire partie du contingent cantonal, et qui en auront été déduits conditionnellement en exécution des n°ˢ 1, 3, 4 et 5 du présent article, lorsqu'ils cesseront de suivre la carrière en vue de laquelle ils auront été comptés en déduction du contingent, seront tenus d'en faire la déclaration au maire de leur commune dans l'année où ils auront cessé leurs ser-

[1] Voir le décret du 25 mars 1807, p. 233, ci-après.

vices, fonctions ou études, et de retirer expédition de leur déclaration.

Faute par eux de faire cette déclaration, et de la soumettre au visa du préfet du département dans le délai d'un mois, ils seront passibles des peines prononcées par le 1er paragraphe de l'article 38 de la présente loi[1].

Ils seront rétablis dans le contingent de leur classe, sans déduction du temps écoulé depuis la cessation desdits services, fonctions ou études, jusqu'au moment de la déclaration[2].

<hr />

ORDONNANCE

RELATIVE AU PAYEMENT DES BOURSES ET DEMI-BOURSES
DES SÉMINAIRES.

2 novembre 1835. (IX, Bull. O. 1re section, cccxcvi, n° 6069[3]).

Vu les décrets des 30 septembre 1807 et 3 août 1808[4], concernant la création et le payement des bourses des séminaires;

[1] Un emprisonnement d'un mois à un an, sauf la faculté attribuée aux tribunaux, par l'article 46 de la même loi, de reconnaître l'existence de circonstances atténuantes, et d'adoucir la peine conformément à l'article 463 du Code pénal.

[2] Voir pour l'exécution de cet article, en ce qui concerne les élèves des séminaires catholiques, la circulaire du ministre des cultes du 25 mai 1832, et, en ce qui concerne les élèves des cultes non catholique, celle du 19 juin 1832.

[3] Cette ordonnance a été transmise aux évêques et aux préfets par une circulaire du ministre des cultes du 16 novembre 1835, avec une copie du rapport au Roi qui l'a précédée. Elle a, en outre, donné lieu à une circulaire du même ministre, du 21 mars 1836.

[4] Ce dernier décret n'est pas du 3 août, mais du 4 mars 1808; il n'est

Vu les ordonnances des 4 septembre 1820 et 13 mars 1832, relatives aux traitements des évêques, vicaires généraux, chanoines, curés et desservants, etc.

ART. Ier. Les bourses et demi-bourses accordées par nous, sur la présentation des évêques, aux élèves de leurs séminaires diocésains, seront, à l'avenir, acquittées seulement à compter du jour de l'ordonnance royale de nomination pour les élèves présents au séminaire, et, pour les autres, à partir du jour de leur entrée audit séminaire.

2. Le montant des bourses et demi-bourses accordées à chaque séminaire diocésain sera mandaté pour chaque trimestre, au nom du trésorier dudit séminaire, sur le vu d'un état nominatif certifié par l'évêque, constatant l'entrée au séminaire et la continuation d'études de chaque élève boursier ou demi-boursier.

3. Toutes dispositions contraires à la présente ordonnance sont rapportées.

ni au Bulletin des lois, ni dans Duvergier, ni dans l'Almanach du clergé. Les règles qu'il établissait relativement au payement des bourses et demi-bourses sont reproduites, avec quelques modifications, par la présente ordonnance.

SECTION V.

ÉCOLES SECONDAIRES ECCLÉSIASTIQUES [1].

ORDONNANCE

QUI AUTORISE LES ARCHEVÊQUES ET ÉVÊQUES À ÉTABLIR DES ÉCOLES ECCLÉSIASTIQUES.

5 octobre 1814. (Monit. du 11 novembre 1814; Duvergier.)

Ayant égard à la nécessité où sont les archevêques et évêques de notre royaume, dans les circonstances difficiles où se trouve l'Église de France, de faire instruire dès l'enfance des jeunes gens qui puissent ensuite entrer avec fruit dans les grands séminaires, et désirant leur procurer les moyens de remplir avec facilité cette pieuse intention; ne voulant pas toutefois que les écoles de ce genre se multiplient sans raison légitime;

Sur le rapport de notre ministre secrétaire d'état de l'intérieur, etc.

Art. 1er. Les archevêques et évêques de notre royaume pourront avoir, dans chaque département, une école ecclé-

---

[1] La législation de ces écoles avait été fixée, sous l'Empire, par le décret du 9 avril 1809, et par les articles 24-32 du décret du 15 novembre 1811, qu'il faut consulter comme documents historiques. Il faut aussi consulter, quant à l'administration temporelle de ces établissements, le titre IV du décret du 6 novembre 1813, rapporté à la section IV ci-dessus, et demeuré en vigueur. Voir enfin la section XII, p. 169.

siastique, dont ils nommeront les chefs et les instituteurs [1], et où ils feront élever et instruire dans les lettres des jeunes gens destinés à entrer dans les grands séminaires.

2. Ces écoles pourront être placées à la campagne et dans les lieux où il n'y aura ni lycée, ni collége communal [2].

3. Lorsqu'elles seront placées dans des villes où il y aura un lycée ou un collége communal, les élèves, après deux ans d'étude, seront tenus de prendre l'habit ecclésiastique [3]. Ils seront dispensés de fréquenter les leçons desdits lycées et colléges [4].

4. Pour diminuer, autant qu'il sera possible, les dépenses de ces établissements, les élèves seront exempts de la rétribution due à l'Université par les élèves des lycées, colléges, institutions et pensionnats.

5. Les élèves qui auront terminé leurs cours d'études pourront se présenter à l'examen de l'Université pour obtenir le grade de bachelier ès-lettres. Ce grade leur sera conféré gratuitement [5].

6. Il ne pourra être érigé dans un département une seconde école ecclésiastique qu'en vertu de notre autorisation,

[1] L'article 25 du décret du 15 novembre 1811 portait que ces écoles seraient gouvernées par l'Université, et que l'enseignement ne pourrait y être donné que par des membres de l'Université. (Voir aussi les articles 1er et 6 de la deuxième ordonnance du 16 juin 1828, ci-après.)

[2] Dérogations formelles aux articles 28 et 29 du décret de 1811.

[3] L'article 32 du décret de 1811 exigeait que ces élèves portassent l'habit ecclésiastique dès leur entrée dans l'école. L'article 4 de l'ordonnance du 16 juin 1828, ci-après, exige qu'ils le portent après l'âge de 14 ans, lorsque, d'ailleurs, ils sont depuis deux ans dans l'école.

[4] Dérogation formelle à l'article 32 du décret de 1811. L'article 45 de l'ordonnance du 17 février 1815, relative à l'instruction publique, a confirmé cette dérogation.

[5] Voir l'article 5 de l'ordonnance du 16 juin 1828, ci-après.

donnée sur le rapport de notre ministre secrétaire d'état de l'intérieur, après qu'il aura entendu l'évêque et le grand maître de l'Université [1].

7. Les écoles ecclésiastiques sont susceptibles de recevoir des legs et des donations, en se conformant aux lois existantes sur cette matière [2].

8. Il n'est, au surplus, en rien dérogé à notre ordonnance du 22 juin dernier, qui maintient provisoirement les décrets et règlements relatifs à l'Université. Sont seulement rapportés tous les articles desdits décrets et règlements contraires à la présente.

ORDONNANCE

CONTENANT DIVERSES MESURES RELATIVES AUX ÉCOLES SECONDAIRES ECCLÉSIASTIQUES ET AUTRES ÉTABLISSEMENTS D'INSTRUCTION PUBLIQUE.

16 juin 1828. (VIII, Bull. 236, n° 8603.)

Sur le compte qui nous a été rendu :

1° Que, parmi les établissements connus sous le nom d'*écoles secondaires ecclésiastiques*, il en existe huit qui se sont écartés du but de leur institution en recevant des élèves dont le plus grand nombre ne se destine pas à l'état ecclésiastique;

2° Que ces huit établissements sont dirigés par des per-

---

[1] L'article 27 du décret de 1811 défendait d'établir plus d'une école secondaire ecclésiastique par département. (Voir l'article 1er de la 2e ordonnance du 16 juin 1828, ci-après.)

[2] Voir l'article 67 du décret du 6 novembre 1813 (section IV, p. 54). Voir aussi la section XII, p. 169.

sonnes appartenant à une congrégation religieuse non légalement établie en France;

Voulant pourvoir à l'exécution des lois du royaume,

De l'avis de notre conseil, etc.

ART. 1er. A dater du 1er octobre prochain, les établissements connus sous le nom d'*écoles secondaires ecclésiastiques*, dirigés par des personnes appartenant à une congrégation religieuse non autorisée, et actuellement existant à Aix, Billom, Bordeaux, Dôle, Forcalquier, Montmorillon, Saint-Acheul et Sainte-Anne-d'Auray, seront soumis au régime de l'Université.

2. A dater de la même époque, nul ne pourra être ou demeurer chargé, soit de la direction, soit de l'enseignement dans une des maisons d'éducation dépendantes de l'Université, ou dans une des écoles secondaires ecclésiastiques, s'il n'a affirmé par écrit qu'il n'appartient à aucune congrégation religieuse non légalement établie en France.

ORDONNANCE

RELATIVE AUX ÉCOLES SECONDAIRES ECCLÉSIASTIQUES.

16 juin 1828. (VIII, Bull. 236, n° 8604[1].)

ART. 1er. Le nombre des élèves des écoles secondaires ecclésiastiques, instituées par l'ordonnance du 5 octobre 1814, sera limité dans chaque diocèse, conformément au

[1] Cette ordonnance a été rendue sur un rapport du ministre des affaires ecclésiastiques, exposant la situation de ces écoles, les irrégularités qui leur étaient reprochées, leurs besoins et les moyens d'y pourvoir. (Voir aussi les circulaires des 30 août 1828, 23 octobre 1830 et 6 septembre 1831, relatives à l'exécution de cette ordonnance.)

tableau que, dans le délai de trois mois, à dater de ce jour, notre ministre secrétaire d'état des affaires ecclésiastiques soumettra à notre approbation. Ce tableau sera inséré au Bulletin des lois, ainsi que les changements qui pourraient être ultérieurement réclamés, et que nous nous réservons d'approuver, s'il devenait nécessaire de modifier la première répartition [1]. Toutefois, le nombre des élèves placés dans les écoles secondaires ecclésiastiques ne pourra excéder vingt mille.

2. Le nombre de ces écoles et la désignation des communes où elles seront établies seront déterminés par nous, d'après la demande des archevêques et évêques, et sur la proposition de notre ministre des affaires ecclésiastiques.

3. Aucun externe ne pourra être reçu dans lesdites écoles. Sont considérés comme externes les élèves n'étant pas logés et nourris dans l'établissement même.

4. Après l'âge de quatorze ans, tous les élèves admis depuis deux ans dans lesdites écoles seront tenus de porter un habit ecclésiastique.

5. Les élèves qui se présenteront pour obtenir le grade de bachelier ès-lettres ne pourront, avant leur entrée dans les ordres sacrés, recevoir qu'un diplôme spécial, lequel n'aura d'effet que pour parvenir aux grades en théologie; mais il sera susceptible d'être échangé contre un diplôme ordinaire de bachelier ès-lettres après que les élèves seront engagés dans les ordres sacrés.

6. Les supérieurs ou directeurs des écoles secondaires ecclésiastiques seront nommés par les archevêques et évêques, et agréés par nous. Les archevêques et évêques

[1] Voir les ordonnances des 26 novembre 1828 et 21 octobre 1839, qui ont opéré cette répartition.

adresseront, avant le 1ᵉʳ octobre prochain, les noms des supérieurs ou directeurs actuellement en exercice à notre ministre des affaires ecclésiastiques, à l'effet d'obtenir notre agrément.

7. Il est créé dans les écoles secondaires ecclésiastiques huit mille demi-bourses à cent cinquante francs chacune. La répartition de ces huit mille demi-bourses entre les diocèses sera réglée par nous, sur la proposition de notre ministre des affaires ecclésiastiques. Nous déterminerons ultérieurement le mode de présentation et de nomination à ces bourses [1].

8. Les écoles secondaires ecclésiastiques, dans lesquelles les dispositions de la présente ordonnance et de notre ordonnance en date de ce jour ne seraient pas exécutées, cesseront d'être considérées comme telles, et rentreront sous le régime de l'Université.

[1] Cet article a été abrogé par une ordonnance du 30 septembre 1830, qui a supprimé ces demi-bourses.

SECTION VI.

CURES ET SUCCURSALES[1].

———

DÉCRET

CONTENANT RÈGLEMENT SUR UNE NOUVELLE CIRCONSCRIPTION
DES SUCCURSALES.

(Extrait.)

11 prairial an XII. (IV, Bull. 4, n° 9.)

ART. 1er. Conformément aux articles 60 et 61 de la loi
du 18 germinal an x, les évêques, de concert avec les pré-

---

[1] Il faut d'abord se reporter aux articles 27-34 des articles organiques
du culte catholique.

Il faut aussi consulter :

En ce qui concerne le binage, l'ordonnance du 6 novembre 1814,
p. 155 ci-après;

En ce qui concerne les logements et les traitements des desservants,
la section XI, p. ci-après;

En ce qui concerne l'envoi en possession de certains biens, l'avis du
conseil d'état, du 25 janvier 1807 (section VII, p. 124);

En ce qui concerne les dons et legs, la section XII, p. 176;

Enfin, en ce qui concerne certaines immunités spéciales, l'avis du
conseil d'état du 20 novembre 1806, portant que les desservants ont le
droit de réclamer l'exemption de tutelle établie par le dernier paragraphe
de l'article 427 du Code civil; l'article 28 de l'ordonnance du 27 février
1821, qui permet aux desservants, dans les campagnes, de former deux
ou trois jeunes gens pour les petits séminaires, etc.

fets, procéderont à une nouvelle circonscription des succursales, de manière que leur nombre ne puisse excéder les besoins des fidèles [1].

2. Les préfets demanderont l'avis des communes intéressées [2], à l'effet de connaître les localités et toutes les circonstances qui pourront déterminer la réunion des communes susceptibles de former un seul territoire dépendant de la même succursale.

3. Les plans de la nouvelle circonscription seront adressés au conseiller d'état chargé de toutes les affaires concernant les cultes, et ils ne pourront être mis à exécution qu'en vertu d'un décret impérial [3].

AVIS DU CONSEIL D'ÉTAT

RELATIF AUX SOINS DONNÉS PAR LES PRÊTRES, CURÉS OU DESSERVANTS, A LEURS PAROISSIENS MALADES.

8 vendémiaire an xiv. (Duvergier.)

Le conseil d'état qui, d'après le renvoi fait par Sa Majesté impériale et royale, a entendu le rapport de la section de l'intérieur sur celui du ministre des cultes, exposant que

[1] Voir, sur cette matière, les articles 60-63 des articles organiques, les décrets des 30 septembre 1807 et 28 août 1808, portant augmentation et fixation du nombre des succursales, et l'ordonnance du 25 août 1819, p. 75.

[2] L'article 21, n° 1, de la loi du 18 juillet 1837 (p. 112, ci-après), a confirmé cette disposition.

[3] Les autres articles de ce décret sont relatifs au traitement des desservants. (Voir la Section XI, ci-après.)

les prêtres, curés ou desservants éprouvent des désagréments
à raison des conseils ou soins qu'ils donnent à leurs paroissiens malades, et demandant l'autorisation d'écrire aux
préfets que l'intention de Sa Majesté n'est pas que les curés
soient troublés dans l'aide qu'ils donnent à leurs paroissiens,
par leurs secours et leurs conseils, dans leurs maladies,
pourvu qu'il ne s'agisse d'aucun accident qui intéresse la
santé publique, qu'ils ne signent ni ordonnances, ni consul-
tations, et que leurs visites soient gratuites,

Est d'avis qu'en se renfermant dans les limites tracées
dans le rapport du ministre des cultes ci-dessus analysé,
les curés ou desservants n'ont rien à craindre des poursuites
de ceux qui exercent l'art de guérir, ou du ministère public chargé du maintien des règlements, puisque, en
donnant seulement des conseils et des soins gratuits, ils ne
font que ce qui est permis à la bienfaisance et à la charité
de tous les citoyens, ce que nulle loi ne défend, ce que la
morale conseille, ce que l'administration provoque ; et qu'il
n'est besoin, pour assurer la tranquilité des curés et desservants, d'aucune mesure particulière.

DÉCRET

SUR LA CONSERVATION ET ADMINISTRATION DES BIENS
QUE POSSÈDE LE CLERGÉ.

(Extrait.)

6 novembre 1813. (IV, Bull. 536, n° 9860.)

TITRE Ier.

Des biens des cures [1].

SECTION Ire.

De l'administration des titulaires.

Art. 1er. Dans toutes les paroisses dont les curés ou desservants possèdent, à ce titre, des biens fonds ou des rentes, la fabrique établie près chaque paroisse est chargée de veiller à la conservation desdits biens.

2. Seront déposés dans une caisse ou armoire à trois clefs de la fabrique tous papiers, titres et documents concernant ces biens. Ce dépôt sera effectué dans les six mois du jour de la publication du présent décret. Toutefois les titres déposés près des chancelleries des évêchés ou archevêchés seront transférés aux archives des préfectures respectives, sous récépissé, et moyennant une copie authentique, qui en sera délivrée par les préfectures à l'évêché.

3. Seront aussi déposés dans cette caisse ou armoire les comptes, les registres, les sommiers et les inventaires, le

---

[1] Voir les trois autres titres de ce décret, aux sections II, III et IV ci-dessus.

tout ainsi qu'il est statué par l'article 54 du règlement des fabriques.

4. Nulle pièce ne pourra être retirée de ce dépôt que sur un avis motivé, signé par le titulaire.

5. Il sera procédé aux inventaires des titres, registres et papiers, à leurs récolements et à la formation d'un registre-sommier, conformément aux articles 55 et 56 du même règlement.

6. Les titulaires exercent les droits d'usufruit; ils en supportent les charges, le tout ainsi qu'il est établi par le Code civil, et conformément aux explications et modifications ci-après.

7. Le procès-verbal de leur prise de possession, dressé par le juge de paix, portera la promesse, par eux souscrite, de jouir des biens en bons pères de famille, de les entretenir avec soin et de s'opposer à toute usurpation ou détérioration.

8. Sont défendus aux titulaires et déclarés nuls tous aliénations, échanges, stipulations d'hypothèques, concessions de servitudes, et en général toutes dispositions opérant un changement dans la nature desdits biens, ou une diminution dans leurs produits, à moins que ces actes ne soient par nous autorisés en la forme accoutumée.

9. Les titulaires ne pourront faire des baux excédant neuf ans [1], que par forme d'adjudication aux enchères, et après que l'utilité en aura été déclarée par deux experts, qui visiteront les lieux et feront leur rapport : ces experts seront nommés par le sous-préfet, s'il s'agit de biens de

---

[1] Voir, à la section XII, p. 178, la loi du 25 mai 1835, qui a permis aux établissements publics d'affermer leurs biens ruraux pour 18 ans, sans autres formalités que pour 9 ans.

cures, et par le préfet, s'il s'agit de biens d'évêchés, de chapitres et de séminaires. Ces baux ne continueront, à l'égard
des successeurs des titulaires, que de la manière prescrite
par l'article 1429 du Code civil.

10. Il est défendu de stipuler des pots-de-vin pour les
baux des biens ecclésiastiques. Le successeur du titulaire
qui aura pris un pot-de-vin, aura la faculté de demander
l'annulation du bail, à compter de son entrée en jouissance,
ou d'exercer son recours en indemnité, soit contre les héritiers ou représentants du titulaire, soit contre le fermier.

11. Les remboursements des capitaux faisant partie des
dotations du clergé seront faits conformément à notre décret du 16 juillet 1810, et à l'avis du conseil d'état du
21 décembre 1808 [1]. Si les capitaux dépendent d'une cure,
ils seront versés dans la caisse de la fabrique par le débiteur, qui ne sera libéré qu'au moyen de sa décharge signée
par les trois dépositaires des clefs.

12. Les titulaires ayant des bois dans leur dotation en
jouiront conformément à l'article 590 du Code civil, si ce
sont des bois taillis. Quant aux arbres futaies réunis en bois
ou épars, ils devront se conformer à ce qui est ordonné
pour les bois des communes.

13. Les titulaires seront tenus de toutes les réparations
des biens dont ils jouissent, sauf, à l'égard des presbytères,
la disposition ci après, article 21. S'il s'agit de grosses réparations, et qu'il y ait dans la caisse à trois clefs des fonds
provenant de la cure, ils y seront employés. S'il n'y a point
de fonds dans cette caisse, le titulaire sera tenu de les fournir jusqu'à concurrence du tiers du revenu foncier de la cure,
indépendamment des autres réparations dont il est chargé.

[1] Voir la section XII, p. 169.

Quant à l'excédant du tiers du revenu, le titulaire pourra être par nous autorisé, en la forme accoutumée, soit à un emprunt avec hypothèque, soit même à l'aliénation d'une partie des biens. Le décret d'autorisation d'emprunt fixera les époques du remboursement à faire sur les revenus, de manière qu'il en reste toujours les deux tiers aux curés. En tout cas, il sera suppléé par le trésor impérial à ce qui manquerait pour que le revenu restant au curé égale le taux ordinaire des congrues.

14. Les poursuites à fin de recouvrement des revenus seront faites par les titulaires, à leurs frais et risques. Ils ne pourront néanmoins, soit plaider en demandant ou en défendant, soit même se désister, lorsqu'il s'agira des droits fonciers de la cure, sans l'autorisation du conseil de préfecture, auquel sera envoyé l'avis du conseil de la fabrique.

15. Les frais des procès seront à la charge des curés, de la même manière que les dépenses pour réparations.

SECTION II.

De l'administration des biens des cures pendant la vacance.

16. En cas de décès du titulaire d'une cure, le juge de paix sera tenu d'apposer le scellé d'office, sans rétribution pour lui et son greffier, ni   ‛ ‛s frais, si ce n'est le seul remboursement du papier timb.

17. Les scellés seront levés, soit à la requête des héritiers en présence du trésorier de la fabrique, soit à la requête du trésorier de la fabrique, en y appelant les héritiers.

18. Il sera procédé par le juge de paix, en présence des héritiers et du trésorier, au récolement du précédent inventaire, contenant l'état de la partie du mobilier et des us-

tensiles dépendants de la cure, ainsi que des titres et papiers la concernant.

19. Expédition de l'acte de récolement sera délivrée au trésorier par le juge de paix, avec la remise des titres et papiers dépendants de la cure.

20. Il sera aussi fait, à chaque mutation de titulaire, par le trésorier de la fabrique, un récolement de l'inventaire des titres et de tous les instruments aratoires, de tous les ustensiles ou meubles d'attache, soit pour l'habitation, soit pour l'exploitation des biens.

21. Le trésorier de la fabrique poursuivra les héritiers pour qu'ils mettent les biens de la cure dans l'état de réparation où ils doivent les rendre. Les curés ne sont tenus, à l'égard du presbytère, qu'aux réparations locatives, les autres étant à la charge de la commune.

22. Dans le cas où le trésorier aurait négligé d'exercer ses poursuites à l'époque où le nouveau titulaire entrera en possession, celui-ci sera tenu d'agir lui-même contre les héritiers, ou de faire une sommation au trésorier de la fabrique de remplir à cet égard ses obligations. Cette sommation devra être dénoncée par le titulaire au procureur impérial, afin que celui-ci contraigne le trésorier de la fabrique d'agir, ou que lui-même il fasse d'office les poursuites, aux risques et périls du trésorier, et subsidiairement aux risques des paroissiens.

23. Les archevêques et évêques s'informeront, dans le cours de leurs visites, non-seulement de l'état de l'église et du presbytère, mais encore de celui des biens de la cure, afin de rendre au besoin des ordonnances à l'effet de poursuivre, soit le précédent titulaire, soit le nouveau. Une expédition de l'ordonnance restera aux mains du trésorier

pour l'exécuter ; et une autre expédition sera adressée au procureur impérial, à l'effet de contraindre, en cas de besoin, le trésorier par les moyens ci-dessus.

24. Dans tous les cas de vacance d'une cure, les revenus de l'année courante appartiendront à l'ancien titulaire ou à ses héritiers, jusqu'au jour de l'ouverture de la vacance, et au nouveau titulaire depuis le jour de sa nomination. Les revenus qui auront eu cours du jour de la vacance jusqu'au jour de la nomination seront mis en réserve dans la caisse à trois clefs, pour subvenir aux grosses réparations qui surviendront dans les bâtiments appartenant à la dotation, conformément à l'article 13.

25. Le produit des revenus pendant l'année de la vacance sera constaté par les comptes que rendront, le trésorier pour le temps de la vacance, et le nouveau titulaire pour le reste de l'année : ces comptes porteront ce qui aurait été reçu par le précédent titulaire pour la même année, sauf reprise contre sa succession, s'il y a lieu.

26. Les contestations sur les comptes ou répartitions des revenus dans les cas indiqués aux articles précédents seront décidées par le conseil de préfecture.

27. Dans le cas où il y aurait lieu à remplacer provisoirement un curé ou desservant qui se trouverait éloigné du service, ou par suspension, par peine canonique, ou par maladie, ou par voie de police, il sera pourvu à l'indemnité du remplaçant provisoire, conformément au décret du 17 novembre 1811 [1]. Cette disposition s'appliquera aux cures ou succursales dont le traitement est, en tout ou en partie, payé par le trésor impérial.

28. Pendant le temps que, pour les causes ci-dessus, le

[1] Voir ce décret à la section XII, p. 151.

curé ou desservant sera éloigné de la paroisse, le trésorier de la fabrique remplira, à l'égard des biens, les fonctions qui sont attribuées au titulaire par les articles 6 et 13 ci-dessus.

* * *

ORDONNANCE

QUI ÉRIGE CINQ CENTS SUCCURSALES NOUVELLES.

25 août 1819. (VII, Bull. 309, n° 7480.)

ART. 1er. Il sera érigé cinq cents succursales nouvelles en faveur des diocèses où le nombre des succursales établies n'est plus proportionné aux besoins des localités.

2. Une ordonnance spéciale désignera, pour chaque diocèse, les communes dans lesquelles les succursales nouvelles seront érigées, d'après les demandes des conseils municipaux, la proposition des évêques et l'avis des préfets.

3. Les vicaires actuellement établis ou à établir dans les cures ou succursales trop étendues pourront être placés dans une autre commune que celle du chef-lieu paroissial, et y recevoir l'indemnité de 250 francs accordée par l'ordonnance du 9 avril 1817 [1], pourvu toutefois que cette commune ait pris, suivant les formes administratives, l'engagement d'entretenir son église et d'assurer au vicaire le traitement prescrit par le décret du 30 décembre 1809.

4. Les communes dont les églises seront ainsi desservies

---

[1] Cette ordonnance affectait une somme de 3,900,000 fr. aux dépenses du clergé, et fixait à 250 fr. le traitement des vicaires autres que ceux des villes de grande population. Une autre ordonnance, du 6 janvier 1830, a porté ce traitement a 350 fr.

jouiront de l'exemption portée à l'article 1er de l'avis du conseil approuvé le 14 décembre 1810 [1].

5. Dans les diocèses où le nombre des ecclésiastiques n'est point suffisant pour que toutes les succursales soient pourvues de pasteurs, il pourra être mis à la disposition de l'archevêque ou évêque, et sur sa demande, une somme qui n'excédera point le dixième des traitements attachés aux succursales vacantes. Cette somme sera employée à défrayer un nombre proportionné de prêtres nés ou incorporés dans le diocèse, et désignés par l'archevêque ou évêque pour aller, aux époques convenables, porter successivement les secours de la religion dans les succursales dépourvues de pasteurs [2].

LOI

SUR L'ORGANISATION MUNICIPALE.

(Extrait.)

21 mars 1831.

ART. 6. Ne peuvent être ni maires ni adjoints :
. . . . 2° Les ministres des cultes.

18. Les . . . . ministres des divers cultes en exercice dans la commune. . . . . . ne peuvent être membres des conseils municipaux [3].

[1] Section IX, p. 142.

[2] Cette disposition a été abrogée par une ordonnance du 13 octobre 1830, ainsi conçue : « Les dispositions de l'ordonnance royale du 25 août 1819, relatives aux prêtres auxiliaires, sont rapportées. En conséquence la somme de 170,000 fr., annuellement portée au budget, et destinée à payer des indemnités auxdits prêtres, cessera de faire partie des dépenses de l'état à partir du 1er janvier 1831. »

[3] On peut joindre à ces dispositions celles de l'article 383 du Code

ORDONNANCE

RELATIVE AUX CURES DE PREMIÈRE CLASSE.

6 avril 1832. (IX, Bull. O, 1re section, CLIX, n° 4177.)

Vu l'article 66 de la loi du 18 germinal an x;

Vu l'arrêté du Gouvernement du 27 brumaire an xi, d'après lequel les curés des communes dont les maires sont nommés par le Roi, sont curés de première classe;

Vu l'article 3 de la loi du 21 mars 1831, qui veut que, dans les communes de 3,000 habitants et au-dessus, les maires soient nommés par le Roi;

Considérant que les curés de première classe se trouvaient placées, en vertu de l'arrêté du 27 brumaire an xi, dans les villes de 5,000 âmes au moins; que postérieurement on a accordé les mêmes avantages aux cures placées dans des chefs-lieux de préfecture ayant une population inférieure; que des motifs d'économie ne permettent pas de donner une plus grande extension à cette mesure, etc.

ART. 1er. Les cures des communes de 5,000 âmes et au-dessus et en nombre égal à celui des justices de paix établies dans ces mêmes communes, ainsi que les cures des chefs-lieux de préfecture dont la population serait au-dessous de 5,000 habitants, sont seules cures de première classe [1].

2. Notre ministre, etc.

d'instruction criminelle, qui déclare les fonctions de juré incompatibles avec celles de ministre d'un culte quelconque.

[1] Une décision royale du 5 novembre 1832 (Almanach du Clergé de 1834) porte que l'ordonnance du 6 avril précédent n'est point applicable aux cures de première classe érigées par décrets ou ordonnances particulières en dérogation aux dispositions de l'arrêté du 27 brumaire an XI.

CODE PÉNAL.

28 avril 1832.

(Extrait.)

DES TROUBLES APPORTÉS A L'ORDRE PUBLIC PAR LES MINIS-
TRES DES CULTES DANS L'EXERCICE DE LEUR MINISTÈRE [1].

§ Ier.

Des contraventions propres à compromettre l'état civil des personnes.

ART. 199. Tout ministre d'un culte qui procédera aux
cérémonies religieuses d'un mariage, sans qu'il lui ait été
justifié d'un acte de mariage préalablement reçu par
les officiers de l'état civil, sera, pour la première fois, puni
d'une amende de seize francs à deux cents francs.

200. En cas de nouvelles contraventions de l'espèce
exprimée en l'article précédent, le ministre du culte qui
les aura commises sera puni, savoir : pour la première récidive, d'un emprisonnement de deux à cinq ans; et pour la
seconde, de la détention.

[1] On peut joindre aux dispositions ici rapportées, celles de l'article 40
de la loi du 21 mars 1832, sur le recrutement de l'armée, aux termes duquel, en cas de recel d'insoumis ou de manœuvres qui auraient empêché
ou retardé le départ des jeunes soldats, *si le délinquant est........ ministre
d'un culte salarié par l'état, la peine pourra être portée jusqu'à deux années
d'emprisonnement, et il sera en outre condamné à une amende qui ne pourra
excéder deux mille francs.*

[2] Ces dispositions sont la sanction de l'article 54 des articles organiques du culte catholique (p. 15, ci-dessus), qu'elles étendent en même
temps aux autres cultes. Le Gouvernement peut d'ailleurs, dans les cas
prévus par ces paragraphes, se borner à faire déclarer l'abus, s'il y a lieu,
conformément aux articles 6 et 8 des articles organiques du culte catholique et à l'article 6 des articles organiques des cultes protestants.

§ II.

Des critiques, censures ou provocations dirigées contre l'autorité publique dans un discours pastoral tenu publiquement.

201. Les ministres des cultes qui prononceront, dans l'exercice de leur ministère et en assemblée publique, un discours contenant la critique ou censure du Gouvernement, d'une loi, d'une ordonnance royale, ou de tout autre acte de l'autorité publique, seront punis d'un emprisonnement de trois mois à deux ans.

202. Si le discours contient une provocation directe à la désobéissance aux lois ou autres actes de l'autorité publique, ou s'il tend à soulever ou armer une partie des citoyens contre les autres, le ministre du culte qui l'aura prononcé sera puni d'un emprisonnement de deux à cinq ans, si la provocation n'a été suivie d'aucun effet, et du bannissement, si elle a donné lieu à la désobéissance, autre toutefois que celle qui aurait dégénéré en sédition ou en révolte.

203. Lorsque la provocation aura été suivie d'une sédition ou révolte, dont la nature donnera lieu, contre l'un ou plusieurs des coupables, à une peine plus forte que celle du bannissement, cette peine, quelle qu'elle soit, sera appliquée au ministre coupable de la provocation.

§ III.

Des critiques, censures ou provocations dirigées contre l'autorité publique dans un écrit pastoral.

204. Tout écrit contenant des instructions pastorales, en quelque forme que ce soit, et dans lequel un ministre du culte se sera ingéré de critiquer ou censurer, soit le Gouvernement, soit tout acte de l'autorité publique, em-

portera la peine du bannissement contre le ministre qui l'aura publié.

205. Si l'écrit mentionné en l'article précédent contient une provocation directe à la désobéissance aux lois ou autres actes de l'autorité publique, ou s'il tend à soulever ou à armer une partie des citoyens contre les autres, le ministre qui l'aura publié sera puni de la détention.

206. Lorsque la provocation contenue dans l'écrit pastoral aura été suivie d'une sédition ou révolte, dont la nature donnera lieu, contre l'un ou plusieurs des coupables, à une peine plus forte que celle de la déportation, cette peine, quelle qu'elle soit, sera appliquée au ministre coupable de la provocation.

§ IV.

De la correspondance des ministres des cultes avec des cours ou puissances étrangères, sur des matières de religion.

207. Tout ministre d'un culte qui aura, sur des questions ou matières religieuses, entretenu une correspondance avec une cour ou puissance étrangère, sans en avoir préalablement informé le ministre du Roi chargé de la surveillance des cultes, et sans avoir obtenu son autorisation, sera, pour ce seul fait, puni d'une amende de cent francs à cinq cents francs, et d'un emprisonnement d'un mois à deux ans.

208. Si la correspondance mentionnée en l'article précédent a été accompagnée ou suivie d'autres faits contraires aux dispositions formelles d'une loi ou d'une ordonnance du Roi, le coupable sera puni du bannissement, à moins que la peine résultant de la nature de ces faits ne soit plus forte, auquel cas cette peine plus forte sera seule appliquée.

SECTION VII.

FABRIQUES.

§ Ier.

ADMINISTRATION ET ORGANISATION[1].

DÉCRET

CONCERNANT LES FABRIQUES DES ÉGLISES[2].

30 décembre 1809. (IV, Bulletin 303, n° 5777.)

CHAPITRE Ier.

De l'administration des fabriques.

ART. Ier. Les fabriques, dont l'article 76 de la loi du 18 germinal an x a ordonné l'établissement, sont chargées

---

[1] Voir la section XII, p. 169, pour ce qui concerne les dons et legs, les remboursements et placements, et les baux des biens ruraux, objets dont les articles 59, 60, 62 et 63 du décret du 30 décembre 1809 s'occupent aussi.

[2] Le dernier chapitre de ce décret est relatif aux églises cathédrales, aux maisons épiscopales et aux séminaires; il a été rapporté à la section II, p. 33.

6

de veiller à l'entretien et à la conservation des temples[1], d'administrer les aumônes et les biens, rentes et perceptions autorisées par les lois et règlements, les sommes supplémentaires fournies par les communes, et généralement tous les fonds qui sont affectés à l'exercice du culte, enfin d'assurer cet exercice et le maintien de sa dignité dans les églises auxquelles elles sont attachées, soit en réglant les dépenses qui y sont nécessaires, soit en assurant les moyens d'y pourvoir[2].

2. Chaque fabrique sera composée d'un conseil, et d'un bureau de marguilliers.

SECTION Ire.

Du conseil.

§ Ier.

De la composition du conseil.

3. Dans les paroisses où la population sera de 5,000 âmes ou au-dessus, le conseil sera composé de neuf conseillers de fabrique; dans toutes les autres paroisses, il devra l'être

---

[1] Une circulaire du ministre des cultes, du 27 avril 1839, adressée aux évêques et aux préfets, leur a recommandé très-instamment de veiller à la conservation des objets d'art existant dans les églises, et d'avertir les fabriques qu'elles seraient responsables de toutes dégradations envers les communes propriétaires des édifices affectés au culte. Il faut aussi consulter les circulaires des 20 mai, 20 et 29 décembre 1834, 25 février 1837 et 25 juin 1838, relatives à la nécessité de prévenir les mutilations des anciennes églises.

[2] Les fabriques sont aussi chargées de veiller à la conservation des biens des cures. (Article 1er du décret du 6 novembre 1813, p. 67, ci-dessus.)

de cinq : ils seront pris parmi les notables ; ils devront être catholiques et domiciliés dans la paroisse.

4. De plus, seront de droit membres du conseil :

1° Le curé ou desservant, qui y aura la première place, et pourra s'y faire remplacer par un de ses vicaires ;

2° Le maire de la commune du chef-lieu de la cure ou succursale ; il pourra s'y faire remplacer par l'un de ses adjoints : si le maire n'est pas catholique, il devra se substituer un adjoint qui le soit, ou, à défaut, un membre du conseil municipal, catholique. Le maire sera placé à la gauche, et le curé ou le desservant à la droite du président.

5. Dans les villes où il y aura plusieurs paroisses ou succursales, le maire sera de droit membre du conseil de chaque fabrique ; il pourra s'y faire remplacer, comme il est dit dans l'article précédent.

6. Dans les paroisses ou succursales dans lesquelles le conseil de fabrique sera composé de neuf membres, non compris les membres de droit, cinq des conseillers seront, pour la première fois, à la nomination de l'évêque, et quatre à celle du préfet : dans celles où il ne sera composé que de cinq membres, l'évêque en nommera trois, et le préfet deux. Ils entreront en fonction le premier dimanche du mois d'avril prochain.

7. Le conseil de la fabrique se renouvellera partiellement tous les trois ans, savoir : à l'expiration des trois premières années, dans les paroisses où il est composé de neuf membres, sans y comprendre les membres de droit, par la sortie de cinq membres, qui, pour la première fois, seront désignés par le sort, et des quatre plus anciens après les six ans révolus ; pour les fabriques dont le conseil

6.

est composé de cinq membres, non compris les membres
de droit, par la sortie de trois membres désignés par la
voie du sort, après les trois premières années, et des deux
autres, après les six ans révolus. Dans la suite, ce seront
toujours les plus anciens en exercice qui devront sortir.

8. Les conseillers qui devront remplacer les membres
sortants seront élus par les membres restants. Lorsque le
remplacement ne sera pas fait à l'époque fixée, l'évêque
ordonnera qu'il y soit procédé dans le délai d'un mois,
passé lequel délai il y nommera lui-même, et pour cette
fois seulement. Les membres sortants pourront être réélus [1].

9. Le conseil nommera, au scrutin, son secrétaire et
son président; ils seront renouvelés le premier dimanche
d'avril de chaque année, et pourront être réélus. Le président aura, en cas de partage, voix prépondérante. Le
conseil ne pourra délibérer que lorsqu'il y aura plus de la
moitié des membres présents à l'assemblée, et tous les
membres présents signeront la délibération, qui sera arrêtée à la pluralité des voix.

§ II.

Des séances du conseil.

10. Le conseil s'assemblera le premier dimanche du
mois d'avril [2], de juillet, d'octobre et de janvier, à l'issue
de la grand'messe ou des vêpres, dans l'église, dans un
lieu attenant à l'église ou dans le presbytère. L'avertisse-

[1] Voir l'ordonnance du 12 janvier 1825, qui modifie et complète les
dispositions des articles 7 et 8 du présent décret.

[2] Le jour de cette réunion a été fixé au dimanche de Quasimodo
par l'article 2 de l'ordonnance du 12 janvier 1825, p. 110.

ment de chacune de ses séances sera publié, le dimanche précédent, au prône de la grand'messe. Le conseil pourra de plus s'assembler extraordinairement, sur l'autorisation de l'évêque ou du préfet, lorsque l'urgence des affaires ou de quelques dépenses imprévues l'exigera[1].

§ III.

Des fonctions du conseil.

11. Aussitôt que le conseil aura été formé, il choisira au scrutin, parmi ses membres, ceux qui, comme marguilliers, entreront dans la composition du bureau ; et, à l'avenir, dans celle de ses sessions qui répondra à l'expiration du temps fixé par le présent règlement pour l'exercice des fonctions de marguilliers, il fera également, au scrutin, élection de celui de ses membres qui remplacera le marguillier sortant.

12. Seront soumis à la délibération du conseil : 1° le budget de la fabrique ; — 2° le compte annuel de son trésorier ; — 3° l'emploi des fonds excédant les dépenses, du montant des legs et donations, et le remploi des capitaux remboursés ; — 4° toutes les dépenses extraordinaires au delà de 50 francs, dans les paroisses au-dessous de mille âmes, et de 100 francs, dans les paroisses d'une plus grande population ; — 5° les procès à entreprendre ou à soutenir, les baux emphytéotiques ou à longues années, les aliénations ou échanges, et généralement tous les objets excédant les bornes de l'administration ordinaire des biens des mineurs.

[1] Voir l'article 6 de l'ordonnance du 12 janvier 1825, p. 110.

SECTION II.

Du bureau des marguilliers.

———

§ 1ᵉʳ.

De la composition du bureau les marguilliers.

13. Le bureau des marguilliers se composera : 1° du curé ou desservant de la paroisse ou succursale, qui en sera membre perpétuel et de droit ; 2° de trois membres du conseil de fabrique. Le curé ou desservant aura la première place, et pourra se faire remplacer par un de ses vicaires.

14. Ne pourront être, en même temps, membres du bureau, les parents ou alliés, jusques et compris le degré d'oncle et de neveu.

15. Au premier dimanche d'avril de chaque année [1], l'un des marguilliers cessera d'être membre du bureau, et sera remplacé.

16. Des trois marguilliers qui seront, pour la première fois, nommés par le conseil, deux sortiront successivement par la voie du sort, à la fin de la première et de la seconde année, et le troisième sortira de droit, la troisième année révolue.

17. Dans la suite, ce seront toujours les marguilliers les plus anciens en exercice qui devront sortir.

18. Lorsque l'élection ne sera pas faite à l'époque fixée, il y sera pourvu par l'évêque.

19. Ils nommeront entre eux un président, un secrétaire et un trésorier.

[1] Voir l'article 2 de l'ordonnance du 12 janvier 1825, p. 110.

20. Les membres du bureau ne pourront délibérer s'ils ne sont au moins au nombre de trois. En cas de partage, le président aura voix prépondérante. Toutes les délibérations seront signées par les membres présents.

21. Dans les paroisses où il y avait ordinairement des marguilliers d'honneur, il pourra en être choisi deux par le conseil, parmi les principaux fonctionnaires publics domiciliés dans la paroisse. Ces marguilliers, et tous les membres du conseil, auront une place distinguée dans l'église : ce sera *le banc de l'œuvre ;* il sera placé devant la chaire, autant que faire se pourra. Le curé ou desservant aura, dans ce banc, la première place, toutes les fois qu'il s'y trouvera pendant la prédication.

§ II.

Des séances du bureau des marguilliers.

22. Le bureau s'assemblera tous les mois, à l'issue de la messe paroissiale, au lieu indiqué pour la tenue des séances du conseil.

25. Dans les cas extraordinaires, le bureau sera convoqué, soit d'office par le président, soit sur la demande du curé ou desservant.

§ III.

Fonctions du bureau.

24. Le bureau des marguilliers dressera le budget de la fabrique, et préparera les affaires qui doivent être portées au conseil ; il sera chargé de l'exécution des délibérations du conseil et de l'administration journalière du temporel de la paroisse.

25. Le trésorier est chargé de procurer la rentrée de

toutes les sommes dues à la fabrique, soit comme faisant partie de son revenu annuel, soit à tout autre titre.

26. Les marguilliers sont chargés de veiller à ce que toutes les fondations soient fidèlement acquittées et exécutées, suivant l'intention des fondateurs, sans que les sommes puissent être employées à d'autres charges. Un extrait du sommier des titres, contenant les fondations qui doivent être desservies pendant le cours d'un trimestre, sera affiché dans la sacristie, au commencement de chaque trimestre, avec les noms du fondateur et de l'ecclésiastique qui acquittera chaque fondation. Il sera rendu compte, à la fin de chaque trimestre, par le curé ou desservant, au bureau des marguilliers, des fondations acquittées pendant le cours du trimestre.

27. Les marguilliers fourniront l'huile, le pain, le vin, l'encens, la cire, et généralement tous les objets de consommation nécessaires à l'exercice du culte; ils pourvoiront également aux réparations et achats des ornements, meubles et ustensiles de l'église et de la sacristie.

28. Tous les marchés seront arrêtés par le bureau des marguilliers, et signés par le président, ainsi que les mandats.

29. Le curé ou desservant se conformera au règlement de l'évêque pour tout ce qui concerne le service divin, les prières et les instructions, et l'acquittement des charges pieuses imposées par les bienfaiteurs, sauf les réductions qui seraient faites par l'évêque, conformément aux règles canoniques, lorsque le défaut de proportion des libéralités et des charges qui en sont la condition, l'exigera.

30. Le curé ou desservant agréera les prêtres habitués,

et leur assignera leurs fonctions. Dans les paroisses où il en sera établi, il désignera le sacristain-prêtre, le chantre-prêtre et les enfants de chœur [1]. Le placement des bancs ou chaises dans l'église ne pourra être fait que du consentement du curé ou desservant, sauf le recours à l'évêque.

31. Les annuels auxquels les fondateurs ont attaché des honoraires, et généralement tous les annuels emportant une rétribution quelconque, seront donnés de préférence aux vicaires, et ne pourront être acquittés qu'à leur défaut par les prêtres habitués ou autres ecclésiastiques, à moins qu'il n'en ait été autrement ordonné par les fondateurs.

32. Les prédicateurs seront nommés par les marguilliers, à la pluralité des suffrages, sur la présentation faite par le curé ou desservant, et à la charge, par lesdits prédicateurs, d'obtenir l'autorisation de l'ordinaire.

33. La nomination et la révocation de l'organiste, des sonneurs, des bedeaux, suisses ou autres serviteurs de l'église, appartiennent aux marguilliers, sur la proposition du curé ou desservant [2].

34. Sera tenu le trésorier de présenter, tous les trois mois, au bureau des marguilliers, un bordereau signé de lui, et certifié véritable, de la situation active et passive de la fabrique pendant les trois mois précédents : ces bordereaux seront signés de ceux qui auront assisté à l'assemblée, et déposés dans la caisse ou armoire de la fabrique, pour être présentés lors de la reddition du compte annuel. Le bureau déterminera, dans la même séance, la somme nécessaire pour les dépenses du trimestre suivant.

[1] et [2] Voir l'article 7 de l'ordonnance du 12 janvier 1825, p. 110.

35. Toute la dépense de l'église et les frais de sacristie seront faits par le trésorier; en conséquence, il ne sera rien fourni par aucun marchand ou artisan sans un mandat du trésorier, au pied duquel le sacristain, ou toute autre personne apte à recevoir la livraison, certifiera que le contenu audit mandat a été rempli.

CHAPITRE II.

Des revenus, des charges, du budget de la fabrique.

———

SECTION Iᵉ.

Des revenus de la fabrique.

36. Les revenus de chaque fabrique se forment :

1° Du produit des biens et rentes restitués aux fabriques, des biens des confréries, et généralement de ceux qui auraient été affectés aux fabriques par nos divers décrets[1];

2° Du produit des biens, rentes et fondations qu'elles ont été ou pourront être par nous autorisées à accepter[2];

3° Du produit des biens et rentes celés au domaine, dont nous les avons autorisées ou dont nous les autoriserions à se mettre en possession[3];

4° Du produit spontané des terrains servant de cimetières[4];

5° Du prix de la location des chaises;

6° De la concession des bancs placés dans l'église;

[1] Voir ci-après, p. 115.
[2] Voir les articles 12 et 59 du présent décret, et la section XII, p. 169.
[3] Voir, à ce sujet, la loi du 4 ventôse et l'arrêté du 7 messidor an ix, relatifs aux hospices.
[4] Voir le décret du 23 prairial an xii, p. 186.

7° Des quêtes faites pour les frais du culte;

8° De ce qui sera trouvé dans les troncs placés pour le même objet;

9° Des oblations faites à la fabrique;

10° Des droits que, suivant les règlements épiscopaux, approuvés par nous, les fabriques perçoivent, et de celui qui leur revient sur le produit des frais d'inhumation;

11° Du supplément donné par la commune, le cas échéant[1].

SECTION II.

Des charges de la fabrique.

————

§ Ier.

Des charges en général.

37. Les charges de la fabrique sont:

1° De fournir aux frais nécessaires du culte, savoir: les ornements, les vases sacrés, le linge, le luminaire, le pain, le vin, l'encens, le payement des vicaires, des sacristains, chantres, organistes, sonneurs, suisses, bedeaux et autres employés au service de l'église, selon la convenance et les besoins des lieux;

2° De payer l'honoraire des prédicateurs de l'Avent, du Carême et autres solennités;

3° De pourvoir à la décoration et aux dépenses relatives à l'embellissement intérieur de l'église;

4° De veiller à l'entretien des églises, presbytères et cimetières, et, en cas d'insuffisance des revenus de la fabrique, de faire toutes diligences nécessaires pour qu'il soit pourvu

[1] Voir les articles 21 et 30 de la loi du 18 juillet 1837, p. 112.

aux réparations et reconstructions, ainsi que le tout est réglé au § III.

§ II.

De l'établissement et du payement des vicaires.

38. Le nombre de prêtres et de vicaires habitués à chaque église sera fixé par l'évêque, après que les marguilliers en auront délibéré, et que le conseil municipal de la commune aura donné son avis.

39. Si, dans le cas de nécessité d'un vicaire, reconnue par l'évêque, la fabrique n'est pas en état de payer le traitement, la décision épiscopale devra être adressée au préfet, et il sera procédé ainsi qu'il est expliqué à l'article 49, concernant les autres dépenses de la célébration du culte, pour lesquelles les communes suppléent à l'insuffisance des revenus des fabriques.

40. Le traitement des vicaires sera de 500 francs au plus, et de 300 francs au moins [1].

§ III.

Des réparations.

41. Les marguilliers, et spécialement le trésorier, seront tenus de veiller à ce que toutes les réparations soient bien et promptement faites. Ils auront soin de visiter les bâtiments avec des gens de l'art, au commencement du printemps et de l'automne. Ils pourvoiront sur-le-champ, et par économie, aux réparations locatives ou autres qui n'excéderont pas la proportion indiquée en l'article 12, et sans préjudice toutefois des dépenses réglées pour le culte.

[1] Voir la section XI, p. 148. Voir aussi les circulaires ministérielles des 7 juillet 1812 et 15 mai 1813, relatives à l'insuffisance habituelle du minimum fixé par l'article ci-dessus.

42. Lorsque les réparations excéderont la somme ci-dessus indiquée, le bureau sera tenu d'en faire rapport au conseil, qui pourra ordonner toutes les réparations qui ne s'élèveraient pas à plus de 100 francs dans les communes au-dessous de mille âmes, et de 200 francs dans celles d'une plus grande population. Néanmoins ledit conseil ne pourra, même sur le revenu libre de la fabrique, ordonner les réparations qui excéderaient la quotité ci-dessus énoncée, qu'en chargeant le bureau de faire dresser un devis estimatif, et de procéder à l'adjudication au rabais ou par soumission, après trois affiches, renouvelées de huitaine en huitaine.

43. Si la dépense ordinaire arrêtée par le budget ne laisse pas de fonds disponibles, ou n'en laisse pas de suffisants pour les réparations, le bureau en fera son rapport au conseil, et celui-ci prendra une délibération tendant à ce qu'il y soit pourvu dans les formes prescrites au chapitre IV du présent règlement : cette délibération sera envoyée par le président au préfet.

44. Lors de la prise de possession de chaque curé ou desservant, il sera dressé, aux frais de la commune, et à la diligence du maire, un état de situation du presbytère et de ses dépendances. Le curé ou desservant ne sera tenu que des simples réparations locatives et des dégradations survenues par sa faute. Le curé ou desservant sortant, ou ses héritiers ou ayants cause, seront tenus desdites réparations locatives et dégradations.

SECTION III.

Du budget de la fabrique.

45. Il sera présenté chaque année au bureau, par le curé ou desservant, un état, par aperçu, des dépenses nécessaires à l'exercice du culte, soit pour les objets de consommation, soit pour réparations et entretien d'ornements, meubles et ustensiles d'église. Cet état, après avoir été, article par article, approuvé par le bureau, sera porté en bloc, sous la désignation de *dépenses intérieures,* dans le projet du budget général : le détail de ces dépenses sera annexé audit projet.

46. Ce budget établira la recette et la dépense de l'église. Les articles de dépense seront classés dans l'ordre suivant :

1° Les frais ordinaires de la célébration du culte;

2° Les frais de réparation des ornements, meubles et ustensiles d'église;

3° Les gages des officiers et serviteurs de l'église;

4° Les frais de réparations locatives.

La portion de revenus qui restera après cette dépense acquittée servira au traitement des vicaires légitimement établis; et l'excédant, s'il y en a, sera affecté aux grosses réparations des édifices affectés à l'exercice du culte.

47. Le budget sera soumis au conseil de la fabrique dans la séance du mois d'avril de chaque année; il sera envoyé, avec l'état des dépenses de la célébration du culte, à l'évêque diocésain, pour avoir sur le tout son approbation.

48. Dans le cas où les revenus de la fabrique couvriraient les dépenses portées au budget, le budget pourra, sans autres formalités, recevoir sa pleine et entière exécution.

49. Si les revenus sont insuffisants pour acquitter, soit

les frais indispensables du culte, soit les dépenses nécessaires pour le maintien de sa dignité, soit les gages des
officiers et des serviteurs de l'église, soit les réparations
des bâtiments, ou pour fournir à la subsistance de ceux
des ministres que l'état ne salarie pas, le budget contiendra l'aperçu des fonds qui devront être demandés aux
paroissiens pour y pourvoir, ainsi qu'il est réglé dans le
chapitre ıv.

CHAPITRE III.

SECTION I".

De la régie des biens de la fabrique.

50. Chaque fabrique aura une caisse ou armoire fer-
mant à trois clefs, dont une restera dans les mains du trésorier, l'autre dans celles du curé ou desservant, et la troisième dans celles du président du bureau.

51. Seront déposés dans cette caisse tous les deniers
appartenant à la fabrique, ainsi que les clefs des troncs des
églises.

52. Nulle somme ne pourra être extraite de la caisse
sans autorisation du bureau, et sans un récépissé qui y
restera déposé.

53. Si le trésorier n'a pas dans les mains la somme
fixée à chaque trimestre par le bureau pour la dépense
courante, ce qui manquera sera extrait de la caisse;
comme aussi ce qu'il se trouverait avoir d'excédant sera
versé dans cette caisse.

54. Seront aussi déposés dans une caisse ou armoire,
les papiers, titres et documents concernant les revenus et

affaires de la fabrique, et notamment les comptes avec les
pièces justificatives, les registres de délibérations autres
que le registre courant, le sommier des titres et les inventaires ou récolements dont il est mention aux deux articles qui suivent.

55. Il sera fait incessamment, et sans frais, deux inventaires, l'un des ornements, linges, vases sacrés, argenterie,
ustensiles, et, en général, de tout le mobilier de l'église;
l'autre, des titres, papiers et renseignements, avec mention des biens contenus dans chaque titre, du revenu
qu'ils produisent, de la fondation à la charge de laquelle
les biens ont été donnés à la fabrique. Un double inventaire du mobilier sera remis au curé ou desservant. Il
sera fait, tous les ans, un récolement desdits inventaires,
afin d'y porter les additions, réformes ou autres changements : ces inventaires ou récolements seront signés par
le curé ou desservant, et par le président du bureau.

56. Le secrétaire du bureau transcrira, par suite de nu-
méros et par ordre de dates, sur un registre sommier :
1º les actes de fondations, et généralement tous les titres
de propriété; 2º les baux à ferme ou loyer. La transcrip-
tion sera entre deux marges, qui serviront pour y porter,
dans l'une les revenus, et dans l'autre les charges. Chaque
pièce sera signée et certifiée conforme à l'original par le
curé ou desservant, et par le président du bureau.

57. Nul titre ni pièce ne pourra être extrait de la
caisse sans un récépissé qui fera mention de la pièce retirée, de la délibération du bureau par laquelle cette ex-
traction aura été autorisée, de la qualité de celui qui s'en
chargera et signera le récépissé, de la raison pour laquelle
elle aura été tirée de la caisse ou armoire; et, si c'est pour

un procès, le tribunal et le nom de l'avoué seront désignés.

58. Tout notaire devant lequel il aura été passé un acte contenant donation entre vifs ou disposition testamentaire au profit d'une fabrique, sera tenu d'en donner avis au curé ou desservant.

59. Tout acte contenant des dons ou legs à une fabrique sera remis au trésorier, qui en fera son rapport à la prochaine séance du bureau. Cet acte sera ensuite adressé, par le trésorier, avec les observations du bureau, à l'archevêque ou évêque diocésain, pour que celui-ci donne sa délibération, s'il convient ou non d'accepter. Le tout sera envoyé au ministre des cultes, sur le rapport duquel la fabrique sera, s'il y a lieu, autorisée à accepter : l'acte d'acceptation, dans lequel il sera fait mention de l'autorisation, sera signé par le trésorier, au nom de la fabrique [1].

60. Les maisons et biens ruraux appartenant à la fabrique seront affermés, régis et administrés par le bureau des marguilliers, dans la forme déterminée pour les biens communaux [2].

61. Aucun des membres du bureau des marguilliers ne peut se porter, soit pour adjudicataire, soit même pour associé de l'adjudicataire, des ventes, marchés de réparations, constructions, reconstructions ou baux des biens de la fabrique.

62. Ne pourront les biens immeubles de l'église être vendus, aliénés, échangés, ni même loués pour un terme.

[1] Voir la section XII, p. 169.
[2] Voir la loi du 25 mai 1835, relative aux baux des biens ruraux, p. 178.

plus long que neuf ans [1], sans une délibération du conseil, l'avis de l'évêque diocésain, et notre autorisation [2].

63. Les deniers provenant de donations ou legs, dont l'emploi ne serait pas déterminé par la fondation, les remboursements de rentes, les prix de ventes ou soultes d'échanges, les revenus excédant l'acquit des charges ordinaires, seront employés dans les formes déterminées par l'avis du conseil d'État, approuvé par nous le 21 décembre 1808 [3]. Dans le cas où la somme serait insuffisante, elle restera en caisse, si on prévoit que, dans les six mois suivants, il rentrera des fonds disponibles, afin de compléter la somme nécessaire pour cette espèce d'emploi; sinon, le conseil délibérera sur l'emploi à faire, et le préfet ordonnera celui qui paraîtra le plus avantageux.

64. Le prix des chaises sera réglé, pour les différents

[1] Voir la note précédente.

[2] Une circulaire du ministre de l'intérieur, du 12 avril 1819, porte que les biens des fabriques devant, aux termes de l'article 3 de l'arrêté du 7 thermidor an XI (p. 115 ci-après), être administrés *dans la forme particulière des biens communaux*, les formalités à remplir par les maires pour la location, l'échange ou la vente d'un bien communal, doivent être également remplies lorsqu'il s'agit de louer, d'aliéner et d'échanger des biens appartenant à la fabrique, et notamment celles qu'a établies l'arrêté du 7 germinal an IX.

Cet arrêté, relatif aux baux à longues années des biens des communes et des hospices, exigé : 1° une délibération de la commission administrative ou du conseil municipal; 2° une enquête *de commodo et incommodo*; 3° l'avis du conseil municipal, lorsqu'il ne s'agit pas de biens communaux; 4° l'avis du sous-préfet; 5° l'avis du préfet (il faut y joindre l'avis de l'évêque); 6° celui du conseil d'état.

La circulaire précitée exige, en outre, une estimation contradictoire de l'immeuble à acquérir, à aliéner ou à échanger.

[3] Voir la section XII, p. 169.

offices, par délibération du bureau, approuvée par le conseil: cette délibération sera affichée dans l'église[1].

65. Il est expressément défendu de rien percevoir pour l'entrée de l'église, ni de percevoir dans l'église plus que le prix des chaises, sous quelque prétexte que ce soit. Il sera même réservé, dans toutes les églises, une place où les fidèles qui ne louent pas de chaises, ni de bancs, puissent commodément assister au service divin, et entendre les instructions.

66. Le bureau des marguilliers pourra être autorisé par le conseil, soit à régir la location des bancs et chaises, soit à la mettre en ferme.

67. Quand la location des chaises sera mise en ferme, l'adjudication aura lieu après trois affiches de huitaine en huitaine: les enchères seront reçues au bureau de la fabrique par soumission, et l'adjudication sera faite au plus offrant, en présence des marguilliers; de tout quoi il sera fait mention dans le bail, auquel sera annexée la délibération qui aura fixé le prix des chaises.

68. Aucune concession de bancs ou de places dans l'église ne pourra être faite, soit par bail pour une prestation annuelle, soit au prix d'un capital ou d'un immeuble, soit pour un temps plus long que la vie de ceux qui l'auront obtenue, sauf l'exception ci-après.

69. La demande de concession sera présentée au bureau, qui préalablement la fera publier par trois dimanches, et afficher à la porte de l'église pendant un mois, afin que chacun puisse obtenir la préférence par une offre

[1] Cet article et les suivants ont remplacé, en les modifiant et les complétant, les dispositions des articles 1, 2 et 3 du décret du 18 mai 1806. Voir aussi le décret du 13 thermidor an XIII, p. 149.

plus avantageuse. S'il s'agit d'une concession pour un immeuble, le bureau le fera évaluer en capital et en revenu,
pour être cette évaluation comprise dans les affiches et pu-
blications.

70. Après ces formalités remplies, le bureau fera son
rapport au conseil. S'il s'agit d'une concession par bail pour
une prestation annuelle, et que le conseil soit d'avis de
faire cette concession, sa délibération sera un titre suffisant.

71. S'il s'agit d'une concession pour un immeuble, il
faudra, sur la délibération du conseil, obtenir notre autorisation dans la même forme que pour les dons et legs.
Dans le cas où il s'agirait d'une valeur mobilière, notre autorisation sera nécessaire lorsqu'elle s'élèvera à la même
quotité pour laquelle les communes et les hospices sont
obligés de l'obtenir.

72. Celui qui aurait entièrement bâti une église pourra
retenir la propriété d'un banc ou d'une chapelle pour lui
et sa famille, tant qu'elle existera. Tout donateur ou bien-
faiteur d'une église pourra obtenir la même concession, sur
l'avis du conseil de fabrique, approuvé par l'évêque et par
le ministre des cultes [1].

73. Nul cénotaphe, nulles inscriptions, nuls monuments
funèbres ou autres, de quelque genre que ce soit, ne pourront être placés dans les églises que sur la proposition de
l'évêque diocésain et la permission de notre ministre des
cultes [2].

---

[1] Une circulaire ministérielle du 12 avril 1819 a invité les évêques à
veiller à ce qu'aucune concession gratuite ne fût accordée ou maintenue,
surtout comme droit d'ancienne possession, ce qui avait lieu encore dans
beaucoup d'églises rurales.

[2] Un décret du 31 juillet 1812, non inséré au Bulletin des lois, mais

74. Le montant des fonds perçus pour le compte de la fabrique, à quelque titre que ce soit, sera, au fur et à mesure de la rentrée, inscrit, avec la date du jour et du mois, sur un registre coté et paraphé, qui demeurera entre les mains du trésorier.

75. Tout ce qui concerne les quêtes dans les églises sera réglé par l'évêque, sur le rapport des marguilliers, sans préjudice des quêtes pour les pauvres, lesquelles devront toujours avoir lieu dans les églises, toutes les fois que les bureaux de bienfaisance le jugeront convenable [1].

76. Le trésorier portera parmi les recettes en nature les cierges offerts sur les pains bénits, ou délivrés pour les annuels, et ceux qui, dans les enterrements et services funèbres, appartiennent à la fabrique [2].

77. Ne pourront les marguilliers entreprendre aucun procès, ni y défendre, sans une autorisation du conseil de préfecture, auquel sera adressée la délibération qui devra être prise à ce sujet par le conseil et le bureau réunis.

78. Toutefois, le trésorier sera tenu de faire tous actes conservatoires pour le maintien des droits de la fabrique, et toutes diligences nécessaires pour le recouvrement de ses revenus [3].

cité dans l'Almanach du Clergé de 1834, a permis de placer des armoiries, avec l'autorisation du ministre des cultes, sur les monuments funèbres dans les églises.

[1] Voir à ce sujet un arrêté du ministre de l'intérieur du 5 prairial an XII, rapporté dans Duvergier (2ᵉ édition).

[2] Voir le décret du 26 décembre 1813 (section XIII, p. 197).

[3] Par une circulaire du 21 décembre 1833, le ministre des cultes a invité les préfets et les évêques à appeler l'attention des administrateurs des fabriques et autres établissements ecclésiastiques sur le devoir qui leur est imposé de veiller à la conservation des droits de ces établisse-

79. Les procès seront soutenus au nom de la fabrique, et les diligences faites à la requête du trésorier, qui donnera connaissance de ces procédures au bureau.

80. Toutes contestations relatives à la propriété des biens, et toutes poursuites à fin de recouvrement des revenus, seront portées devant les juges ordinaires.

81. Les registres des fabriques seront sur papier non timbré. Les dons et legs qui leur seraient faits ne supporteront que le droit fixe d'un franc [1].

SECTION II.

Des comptes [2].

82. Le compte à rendre chaque année par le trésorier sera divisé en deux chapitres, l'un de recette, et l'autre de dépense. Le chapitre de recette sera divisé en trois sections : la première, pour la recette ordinaire ; la deuxième, pour la recette extraordinaire ; et la troisième, pour la partie des recouvrements ordinaires ou extraordinaires qui n'auraient pas encore été faits. Le reliquat d'un compte formera toujours le premier article du compte suivant. Le

ments, soit en interrompant les prescriptions qui pourraient courir contre eux, soit en réclamant des titres nouveaux des débiteurs de rentes, etc. et sur la responsabilité que la négligence de ces administrateurs pourrait faire peser sur eux.

[1] Cette dernière disposition a été abrogée par l'article 17 de la loi de finances du 18 avril 1831, qui a soumis ces dons et legs aux droits d'enregistrement établis par les lois existantes.

[2] L'administration avait eu, sous la restauration, le projet de réunir les fonctions des trésoriers des fabriques à celles des comptables des deniers communaux. On peut consulter, à cet égard, deux circulaires du ministre des affaires ecclésiastiques (M. l'évêque d'Hermopolis), des 5 juin et 18 août 1827.

chapitre de dépense sera aussi divisé en dépenses ordinaires, dépenses extraordinaires, et dépenses tant ordinaires qu'extraordinaires non encore acquittées.

83. A chacun des articles de recette, soit des rentes, soit des loyers ou autres revenus, il sera fait mention des débiteurs, fermiers ou locataires, des noms et situation de la maison et héritage, de la qualité de la rente foncière ou constituée, de la date du dernier titre nouvel ou du dernier bail, et des notaires qui les auront reçus, ensemble de la fondation à laquelle la rente est affectée, si elle est connue.

84. Lorsque, soit par le décès du débiteur, soit par le partage de la maison ou de l'héritage qui est grevé d'une rente, cette rente se trouve due par plusieurs débiteurs, il ne sera néanmoins porté qu'un seul article de recette, dans lequel il sera fait mention de tous les débiteurs, et sauf l'exercice de l'action solidaire, s'il y a lieu.

85. Le trésorier sera tenu de présenter son compte annuel au bureau des marguilliers, dans la séance du premier dimanche du mois de mars. Le compte, avec les pièces justificatives, leur sera communiqué sur le récépissé de l'un d'eux. Ils feront au conseil, dans la séance du premier dimanche du mois d'avril [1], le rapport du compte. Il sera examiné, clos et arrêté dans cette séance, qui sera, pour cet effet, prorogée au dimanche suivant, si besoin est.

86. S'il arrive quelques débats sur un ou plusieurs articles du compte, le compte n'en sera pas moins clos, sous la réserve des articles contestés.

87. L'évêque pourra nommer un commissaire pour assister, en son nom, au compte annuel; mais si ce commissaire est un autre qu'un grand vicaire, il ne pourra rien

[1] Voir l'article 2 de l'ordonnance du 12 janvier 1825, p. 110.

ordonner sur le compte, mais seulement dresser procès-verbal sur l'état de la fabrique et sur les fournitures et réparations à faire à l'église. Dans tous les cas, les archevêques et évêques en cours de visite, ou leurs vicaires généraux, pourront se faire représenter tous comptes, registres et inventaires, et vérifier l'état de la caisse.

88. Lorsque le compte sera arrêté, le reliquat sera remis au trésorier en exercice, qui sera tenu de s'en charger en recette. Il lui sera en même temps remis un état de ce que la fabrique a à recevoir par baux à ferme, une copie du tarif des droits casuels, un tableau par approximation des dépenses, celui des reprises à faire, celui des charges et fournitures non acquittées. Il sera, dans la même séance, dressé, sur le registre des délibérations, acte de ces remises, et copie en sera délivrée en bonne forme au trésorier sortant, pour lui servir de décharge.

89. Le compte annuel sera en double copie, dont l'une sera déposée dans la caisse ou armoire à trois clefs, l'autre à la mairie.

90. Faute par le trésorier de présenter son compte à l'époque fixée et d'en payer le reliquat, celui qui lui succédera sera tenu de faire, dans le mois au plus tard, les diligences nécessaires pour l'y contraindre; et, à son défaut, le procureur impérial, soit d'office, soit sur l'avis qui lui en sera donné par l'un des membres du bureau ou du conseil, soit sur l'ordonnance rendue par l'évêque en cours de visite, sera tenu de poursuivre le comptable devant le tribunal de première instance, et le fera condamner à payer le reliquat, à faire régler les articles débattus, ou à rendre son compte, s'il ne l'a été; le tout dans un délai qui sera fixé; sinon, et ledit temps passé, à payer provisoirement, au

profit de la fabrique, la somme égale à la moitié de la recette ordinaire de l'année précédente, sauf les poursuites ultérieures.

91. Il sera pourvu, dans chaque paroisse, à ce que les comptes qui n'ont pas été rendus le soient dans la forme prescrite par le présent règlement, et six mois au plus tard après la publication.

CHAPITRE IV.

Des charges des communes relativement au culte [1].

92. Les charges des communes, relativement au culte, sont :

1° De suppléer à l'insuffisance des revenus de la fabrique, pour les charges portées en l'article 37 ;

2° De fournir au curé ou desservant un presbytère, ou, à défaut de presbytère, un logement, ou, à défaut de presbytère et de logement, une indemnité pécuniaire ;

3° De fournir aux grosses réparations des édifices consacrés au culte.

93. Dans le cas où les communes sont obligées de suppléer à l'insuffisance des revenus des fabriques pour ces deux premiers chefs, le budget de la fabrique sera porté au conseil municipal, dûment convoqué à cet effet, pour y être délibéré ce qu'il appartiendra. La délibération du conseil municipal devra être adressée au préfet, qui la communiquera à l'évêque diocésain, pour avoir son avis. Dans le cas où l'évêque et le préfet seraient d'avis différents, il pourra en être référé, soit par l'un, soit par l'autre, à notre ministre des cultes.

[1] Voir la loi du 14 février 1810, et l'article 30 de la loi du 18 juillet 1837, p. 112.

94. S'il s'agit de réparations des bâtiments, de quelque nature qu'elles soient, et que la dépense ordinaire arrêtée par le budget ne laisse pas de fonds disponibles, ou n'en laisse pas de suffisants pour ces réparations, le bureau en fera son rapport au conseil, et celui-ci prendra une délibération tendant à ce qu'il soit pourvu par la commune. Cette délibération sera envoyée par le trésorier au préfet.

95. Le préfet nommera les gens de l'art par lesquels, en présence de l'un des membres du conseil municipal et de l'un des marguilliers, il sera dressé, le plus promptement qu'il sera possible, un devis estimatif des réparations. Le préfet soumettra ce devis au conseil municipal, et, sur son avis, ordonnera, s'il y a lieu, que ces réparations soient faites aux frais de la commune, et en conséquence qu'il soit procédé par le conseil municipal, en la forme accoutumée, à l'adjudication au rabais.

96. Si le conseil municipal est d'avis de demander une réduction sur quelques articles de dépense de la célébration du culte, et dans le cas où il ne reconnaîtrait pas la nécessité de l'établissement d'un vicaire, sa délibération en portera les motifs. Toutes les pièces seront adressées à l'évêque, qui prononcera.

97. Dans le cas où l'évêque prononcerait contre l'avis du conseil municipal, ce conseil pourra s'adresser au préfet, et celui-ci enverra, s'il y a lieu, toutes les pièces au ministre des cultes, pour être par nous, sur son rapport, statué en notre conseil d'état ce qu'il appartiendra.

98. S'il s'agit de dépenses pour réparations ou reconstructions qui auront été constatées conformément à l'article 95, le préfet ordonnera que ces réparations soient payées sur les revenus communaux, et en conséquence qu'il soit

procédé par le conseil municipal, en la forme accoutumée, à l'adjudication au rabais.

99. Si les revenus communaux sont insuffisants, le conseil délibérera sur les moyens de subvenir à cette dépense, selon les règles prescrites par la loi.

100. Néanmoins, dans le cas où il serait reconnu que les habitants d'une paroisse sont dans l'impuissance de fournir aux réparations, même par levée extraordinaire, on se pourvoira devant nos ministres de l'intérieur et des cultes, sur le rapport desquels il sera fourni à cette paroisse tel secours qui sera par eux déterminé, et qui sera pris sur le fonds commun établi par la loi du 15 septembre 1807, relative au budget de l'état.

101. Dans tous les cas où il y aura lieu au recours d'une fabrique sur une commune, le préfet fera un nouvel examen du budget de la commune, et décidera si la dépense demandée pour le culte peut être prise sur les revenus de la commune, ou jusqu'à concurrence de quelle somme, sauf notre approbation pour les communes dont les revenus excèdent vingt mille francs.

102. Dans le cas où il y a lieu à la convocation du conseil municipal, si le territoire de la paroisse comprend plusieurs communes, le conseil de chaque commune sera convoqué et délibérera séparément.

103. Aucune imposition extraordinaire sur les communes ne pourra être levée pour les frais du culte qu'après l'accomplissement préalable des formalités prescrites par la loi.

AVIS DU CONSEIL D'ÉTAT

SUR LES RÈGLEMENTS FAITS, QUANT AUX FABRIQUES,
PAR LES ARCHEVÊQUES ET ÉVÊQUES.

22 février 1813. (IV, Bull. 483, n° 8901.)

Le conseil d'état, qui, d'après le renvoi ordonné par Sa Majesté, a entendu le rapport de la section de l'intérieur sur un article du budget de la fabrique de la succursale de Château-Thierry, département de l'Aisne, concernant une redevance annuelle payée par elle au secrétariat de l'évêché de Soissons;

Vu l'article 76 de la loi du 18 germinal an x, portant qu'il sera établi des fabriques pour veiller à l'entretien et à la conservation des temples ;

Vu la décision du Gouvernement, du 9 floréal an xi, qui autorise les archevêques et évêques à fixer l'administration des fabriques par des règlements provisoires [1];

Vu la lettre du ministre des cultes, du 24 décembre 1812, portant que la contribution dont il s'agit a été perçue en vertu d'un règlement de l'évêque, approuvé le 24 frimaire an xii;

Vu l'article 19 de ce règlement, conçu en ces termes :

« Outre les charges particulières ci-dessus, les fabriques acquitteront au secrétariat de l'évêché, pour indemnité du prix des saintes huiles, frais de correspondance et autres dépenses relatives à l'administration diocésaine, une contribution annuelle, ainsi qu'il suit :

[1] Cette décision n'a point été insérée au Bulletin des lois; elle n'est pas non plus rapportée dans Duvergier ni dans l'Almanach du Clergé.

« Les fabriques des communes de 6,000 habitants et au-dessus, 12 sous;

« Celles de 2,000 à 6,000, 8 sous;

« Celles au-dessous de 2,000, 4 sous; »

Vu le décret du 30 décembre 1809, concernant les fabriques;

Considérant, 1° que ce décret ayant réglé tout ce qui est relatif aux fabriques, les règlements provisoires faits par les évêques en vertu de la décision du 9 floréal an xi ont dû cesser d'avoir leur exécution;

2° Qu'il n'autorise aucune retenue pour indemnité des dépenses concernant l'administration diocésaine;

3° Que la plupart des fabriques n'ont pas des ressources assez étendues pour remplir les charges qui leur sont imposées, et que ces charges sont alors supportées par les communes,

Est d'avis :

1° Que les fabriques du diocèse de Soissons ne doivent payer aucune redevance à l'évêché, nonobstant l'article 19 du règlement approuvé par Sa Majesté le 24 frimaire an xii;

2° Que ce règlement et tous autres faits en vertu de la décision du Gouvernement du 9 floréal an xi, doivent être considérés comme supprimés de droit par le règlement général sur les fabriques, du 30 décembre 1809.

ORDONNANCE

SUR L'ADMINISTRATION DES VILLES ET COMMUNES DU ROYAUME.

(Extrait.)

8 août 1821. (VII, Bull. 471, n° 11,115.)

ART. 4[1]. Les réparations, reconstructions et constructions de bâtiments appartenant aux communes, hôpitaux et fabriques, soit qu'il ait été pourvu à la dépense sur les revenus ordinaires de ces communes ou établissements, soit qu'il y ait été pourvu au moyen de nouveaux droits, d'emprunts, de contributions extraordinaires, d'aliénations, ou par toute autre voie que nous aurions autorisée, pourront désormais être adjugées et exécutées sur la simple approbation du préfet. Cependant, lorsque la dépense des travaux de construction ou de reconstruction à entreprendre s'élèvera au-dessus de vingt mille francs, les plans et devis devront être soumis à notre ministre secrétaire d'état de l'intérieur.

ORDONNANCE

RELATIVE AUX CONSEILS DE FABRIQUE.

12 janvier 1825. (VIII, Bull. 25, n° 590[2].)

Vu le décret du 30 décembre 1809, contenant règlement général sur les fabriques des églises;

[1] Les autres articles de cette ordonnance ne s'appliquent qu'aux communes.

[2] Cette ordonnance a été transmise aux préfets par une circulaire du ministre des affaires ecclésiastiques, du 30 janvier 1825.

Considérant que, dans la plupart des conseils des fabriques des églises de notre royaume, les renouvellements prescrits par les articles 7 et 8 dudit décret n'ont pas été faits aux époques déterminées;

Voulant que les dispositions relatives à cette partie de l'administration temporelle des paroisses puissent donner les moyens de remédier aux inconvénients que l'expérience a signalés;

Notre conseil d'état entendu , etc.

ART. 1er. Dans toutes les églises ayant le titre de cure, succursale ou chapelle vicariale, dans lesquelles le conseil de fabrique n'a pas été régulièrement renouvelé, ainsi que le prescrivent les articles 7 et 8 du décret du 30 décembre 1809, il sera immédiatement procédé à une nouvelle nomination des fabriciens, de la manière voulue par l'article 6 du même décret.

2. A l'avenir, la séance des conseils de fabrique, qui, aux termes de l'article 10 du règlement général, doit avoir lieu le premier dimanche du mois d'avril, se tiendra le dimanche de *Quasimodo*. Dans cette séance devront être faites, tous les trois ans, les élections ordinaires prescrites par le décret du 30 décembre 1809.

3. Dans le cas de vacance par mort ou démission, l'élection en remplacement devra être faite dans la première séance ordinaire du conseil de fabrique qui suivra la vacance. Les nouveaux fabriciens ne seront élus que pour le temps d'exercice qui restait à ceux qu'ils sont destinés à remplacer.

4. Si, un mois après les époques indiquées dans les deux articles précédents, le conseil de fabrique n'a pas procédé aux élections, l'évêque diocésain nommera lui-même.

5. Sur la demande des évêques et l'avis des préfets, notre ministre secrétaire d'état des affaires ecclésiastiques et de l'instruction publique pourra révoquer un conseil de fabrique pour défaut de présentation de budget et de reddition de comptes, lorsque ce conseil, requis de remplir ce devoir, aura refusé ou négligé de le faire, ou pour toute autre cause grave. Il sera, dans ce cas, pourvu à une nouvelle formation de ce conseil, de la manière prescrite par l'article 6 du décret du 30 décembre 1809.

6. L'évêque et le préfet devront réciproquement se prévenir des autorisations d'assemblées extraordinaires qu'aux termes de l'article 10 du décret du 30 décembre 1809, ils accorderaient aux conseils de fabrique, et des objets qui devront être traités dans ces assemblées extraordinaires.

7. Dans les communes rurales, la nomination et la révocation des chantres, sonneurs et sacristains seront faites par le curé, desservant ou vicaire; leur traitement continuera à être réglé par le conseil de fabrique, et payé par qui de droit.

8. Le règlement général des fabriques, du 30 décembre 1809, continuera d'être exécuté en tout ce qui n'est pas contraire à la présente ordonnance.

* * *

LOI

SUR L'ADMINISTRATION MUNICIPALE.

(Extrait.)

18 juillet 1837.

ART. 21. Le conseil municipal est toujours appelé à donner son avis sur les objets suivants :

1° Les circonscriptions relatives au culte;

. . . .

5° Les autorisations d'emprunter, d'acquérir, d'échanger, d'aliéner, de plaider ou de transiger [1], demandées par les mêmes établissements (*de charité et de bienfaisance*) et par les fabriques des églises, et autres administrations préposées à l'entretien des cultes dont les ministres sont salariés par l'état;

. . . .

7° Les budgets et les comptes des fabriques et autres administrations préposées à l'entretien des cultes dont les ministres sont salariés par l'état, lorsqu'elles reçoivent des secours sur les fonds communaux;

8° Enfin tous les objets sur lesquels les conseils municipaux sont appelés par les lois et règlements à donner leur avis, ou seront consultés par le préfet.

30. Les dépenses des communes sont obligatoires ou facultatives. Sont obligatoires les dépenses suivantes :

. . . .

13° L'indemnité de logement aux curés et desservants, et autres ministres des cultes salariés par l'état, lorsqu'il n'existe pas de bâtiment affecté à leur logement;

14° Les secours aux fabriques des églises, et autres administrations préposées aux cultes dont les ministres sont salariés par l'état, en cas d'insuffisance de leurs revenus, justifiée par leurs comptes et budgets;

[1] Un arrêté du 21 frimaire an XII a déterminé les formes dans lesquelles les transactions des communes devaient être soumises à l'homologation du Gouvernement. Quoique cet arrêté ne soit pas textuellement applicable aux fabriques, cependant il a constamment servi de règle pour les transactions passées par ces établissements.

· ·

16° Les grosses réparations aux édifices communaux, sauf l'exécution des lois spéciales concernant les bâtiments militaires et les édifices consacrés au culte;

· ·

Et généralement toutes les autres dépenses mises à la charge des communes par une disposition des lois. Toutes dépenses autres que les précédentes sont facultatives.

39. Si un conseil municipal n'allouait pas les fonds exigés pour une dépense obligatoire, ou n'allouait qu'une somme insuffisante, l'allocation nécessaire serait inscrite au budget par ordonnance du Roi, pour les communes dont le revenu est de cent mille francs et au-dessus, et, par arrêté du préfet en conseil de préfecture, pour celles dont le revenu est inférieur.

Dans tous les cas, le conseil municipal sera préalablement appelé à en délibérer.

S'il s'agit d'une dépense annuelle et variable, elle sera inscrite pour sa quotité moyenne pendant les trois dernières années. S'il s'agit d'une dépense annuelle et fixe de sa nature, ou d'une dépense extraordinaire, elle sera inscrite pour sa quotité réelle.

Si les ressources de la commune sont insuffisantes pour subvenir aux dépenses obligatoires inscrites d'office en vertu du présent article, il y sera pourvu par le conseil municipal, ou, en cas de refus de sa part, au moyen d'une contribution extraordinaire établie par ordonnance du Roi, dans les limites du maximum qui sera fixé annuellement par la loi de finances, et par une loi spéciale si la contribution doit excéder ce maximum.

§ II.

ARRÊTÉ

RELATIF AUX BIENS DES FABRIQUES.

7 thermidor an XI. (III, Bull. 303, n° 3036.)

Art. 1er. Les biens des fabriques non aliénés, ainsi que les rentes dont elles jouissaient et dont le transfert n'a pas été fait, sont rendus à leur destination [2].

2. Les biens des fabriques des églises supprimées seront réunis à ceux des églises conservées, et dans l'arrondissement desquelles ils se trouvent [3].

3. Ces biens seront administrés, dans la forme particulière aux biens communaux, par trois marguilliers que nommera le préfet, sur une liste double présentée par le maire ou curé desservant [4].

[1] Voir la loi du 13 brumaire an II, qui avait réuni au domaine national tout l'actif affecté aux fabriques des églises et à l'acquit des fondations.

Indépendamment des actes qui vont être rapportés ici, cette matière a donné lieu à un assez grand nombre de décisions du conseil d'état par la voie contentieuse.

[2] Une décision du Gouvernement, du 2e jour complémentaire an XI (*Almanach du Clergé de 1834*), a excepté de cette restitution les biens de fabriques désignés par les préfets, en l'an X et en l'an XI, pour la dotation de la Légion d'honneur, encore bien que les états dressés pour la dotation n'eussent été approuvés que postérieurement à l'arrêté du 7 thermidor.

[3] Voir le décret du 31 juillet 1806, p. 123.

[4] Cet article et les suivants ont été remplacés par le décret du 30 décembre 1809, p. 81.

4. Le curé ou desservant aura voix consultative.

5. Les marguilliers nommeront parmi eux un caissier. Les comptes seront rendus dans la même forme que ceux des dépenses communales.

DÉCRET

SUR LA RESTITUTION DES BIENS NON ALIÉNÉS, PROVENANT DES MÉTROPOLES ET DES CATHÉDRALES, ETC [1].

15 ventôse an XIII.

Art. 1er. En exécution de l'arrêté du 7 thermidor an XI, les biens et rentes non aliénés provenant des fabriques des métropoles et cathédrales des anciens diocèses,

Ceux provenant des fabriques des ci-devant chapitres métropolitains et cathédraux,

Appartiendront aux fabriques des métropoles et cathédrales, et à celles des chapitres des diocèses actuels dans l'étendue desquels ils sont situés quant aux biens, et payables quant aux rentes.

2. Les biens et les rentes non aliénés provenant des fabriques des collégiales appartiendront aux fabriques des cures et succursales dans l'arrondissement desquelles sont situés les biens et payables les rentes.

3. Sont maintenues toutes les dispositions de l'arrêté du 7 thermidor an XI, auxquelles il n'est pas dérogé par le présent décret.

[1] Ce décret et le suivant n'ont pas été insérés au Bulletin des lois; ils se trouvent dans l'Almanach du Clergé de 1834, pag. 455 et 456. Ils se trouvent aussi dans la 2ᵉ édition de Duvergier, qui donne au premier la date du 23 ventôse an XIII.

DÉCRET

SUR LES BIENS ET RENTES PROVENANT DES CONFRÉRIES[1].

28 messidor an XIII.

Art. 1er. En exécution de l'arrêté du 7 thermidor an XI, les biens non aliénés et les rentes non transférées, provenant des confréries établies précédemment dans les églises paroissiales, appartiendront aux fabriques.

2. Les biens et rentes de chaque espèce qui proviendraient de confréries établies dans les églises actuellement supprimées seront réunis à ceux des églises conservées, et dans l'arrondissement desquelles ils se trouvent.

DÉCRET

SUR L'ADMINISTRATION DES BIENS RENDUS AUX FABRIQUES[2].

22 fructidor an XIII.

Les biens et revenus rendus aux fabriques par les décret et décision des 7 thermidor an XI et 25 frimaire an XII[3],

[1] Voir la note précédente. Consulter aussi un avis du conseil d'état du 28 août 1810 (Duvergier, 2e édition), portant que, les biens des confréries appartenant aux fabriques, les membres de ces confréries n'ont aucun droit d'en disposer.

[2] Ce décret n'est rapporté que dans l'Almanach du Clergé de 1834.

[3] Cette décision, qui n'est ni au Bulletin des lois, ni dans Duvergier, qui n'est que mentionnée dans l'Almanach du Clergé, et qui a été transmise aux préfets par une circulaire du ministre de l'intérieur, du 18 nivôse an XII, consiste dans la simple approbation d'un rapport présenté

soit qu'ils soient ou non chargés de fondations pour messes, obits et autres services religieux, seront administrés et perçus par les administrateurs desdites fabriques, nommés conformément à l'arrêté du 7 thermidor an xı [1]; ils payeront aux curés, desservants ou vicaires, selon le règlement du diocèse, les messes, obits ou autres services auxquels lesdites fondations donnent lieu, conformément au titre.

AVIS DU CONSEIL D'ÉTAT

RELATIF À L'ACQUIT DES SERVICES RELIGIEUX AFFECTÉS SUR LES BIENS DE FONDATIONS RESTITUÉS EN VERTU DE L'AVIS DU 25 FRIMAIRE AN XII.

21 frimaire an xiv [2].

Le conseil d'état, qui, d'après le renvoi de Sa Majesté, a entendu le rapport de la section de législation sur celui du ministre des cultes, concernant diverses questions qui lui ont été soumises par les marguilliers de la cathédrale d'Aix-la-Chapelle, sur l'exécution de la décision de Sa Ma-

au premier consul par le conseiller d'état chargé des affaires des cultes, à l'effet de faire décider, 1° que les différents biens, rentes et fondations, chargés de messes anniversaires et services religieux faisant partie des revenus des églises, sont compris dans les dispositions de l'arrêté du 7 thermidor an xı; 2° qu'en cette qualité ils sont rendus à leur première destination, aux termes de l'arrêté précité.

[1] Voir le décret du 30 décembre 1809, p. 81.

[2] Cet avis n'est ni au Bulletin des lois, ni dans Duvergier; il est mentionné dans l'Almanach du Clergé de 1834. J'en ai trouvé le texte aux archives du conseil d'État.

jesté, du 25 frimaire an xii [1], qui étend les dispositions de l'arrêté du 7 thermidor an xi aux fondations pour messes, anniversaires, obits, etc.

Est d'avis:

Sur la première question, savoir: *Les anciens titulaires des fondations peuvent-ils prétendre en acquitter les charges de préférence à tout autre ecclésiastique?*

Que le Gouvernement, en rétablissant les fondations dont les biens en rentes subsistent encore, n'a entendu rétablir que la condition principale, celle d'acquitter les charges en prières et services religieux que le fondateur a prescrits, et non les conditions accessoires, et surtout celle de l'attribution exclusive à tel ou tel prêtre d'exécuter ces services religieux; que, si l'on admettait cette attribution exclusive, ce serait rétablir des bénéfices simples, ce qui serait contraire à l'esprit de la loi du 18 germinal an x;

Sur la seconde question, savoir: *Le prêtre qui acquitte les charges d'une fondation, doit-il jouir du revenu entier comme par le passé?*

Que cette question est résolue par l'arrêté de Sa Majesté, du 22 fructidor dernier, qui ordonne que les biens et revenus des fondations rendus aux fabriques seront administrés par les administrateurs desdites fabriques, qui payeront aux curés, desservants ou vicaires, selon le règlement du diocèse, les messes, obits, ou autres services auxquels lesdites fondations donnent lieu;

Sur la troisième question, savoir: *Le droit que le fondateur a réservé à certaines familles d'acquitter les fondations est-il maintenu?*

Que, par les mêmes motifs de l'avis sur la première ques-

[1] Voir le décret du 22 fructidor an xiii, p. 117 ci-dessus, et la note 3.

tion, ce droit ne peut pas être maintenu, attendu qu'il établirait privilége, et que le Gouvernement n'a rétabli que l'objet principal des fondations;

Sur la quatrième question, savoir : *A qui appartient le droit de nommer le sujet qui acquittera les charges de la fondation ?*

Que l'évêque doit désigner, parmi les prêtres habitués dans les églises où les fondations sont établies, celui qui doit les acquitter.

DÉCRET

QUI RÉUNIT AUX BIENS DES FABRIQUES LES ÉGLISES ET PRESBYTÈRES SUPPRIMÉS [1].

30 mai 1806. (Duvergier.)

ART. 1er. Les églises et presbytères qui, par suite de l'organisation ecclésiastique, seront supprimés, font partie des biens restitués aux fabriques, et sont réunis à celles des cures et succursales dans l'arrondissement desquelles ils seront situés. Ils pourront être échangés, loués ou aliénés, au profit des églises et des presbytères des chefs-lieux.

2. Ces échanges ou aliénations n'auront lieu qu'en vertu des décrets de Sa Majesté [2].

[1] Un avis du conseil d'état du 24 prairial an XIII, approuvé le 9 messidor suivant, intervenu sur la proposition, faite par le ministre des cultes, d'abandonner aux communes les églises et presbytères supprimés, pour en affecter les produits à la réparation des églises et presbytères conservés, avait décidé qu'il n'y avait pas lieu de généraliser ainsi cette mesure, et qu'il valait mieux se borner à des concessions partielles, quand il y aurait lieu.

[2] Ces dispositions remplacent celles de l'arrêté du 28 brumaire an XI.

3. Les baux à loyer devront être approuvés par le préfet.

4. Les produits des locations ou aliénations des églises, et les revenus des biens pris en échange, seront employés, soit à l'acquisition des presbytères, ou de toute autre manière, aux dépenses du logement des curés et desservants dans les chefs-lieux de cure ou succursale où il n'existe pas de presbytère.

5. Les réparations à faire aux églises et aux presbytères seront constatées par des devis estimatifs, ordonnés par les préfets, à la diligence des marguilliers nommés en vertu de l'arrêté du 7 thermidor an xi [1].

6° Les préfets enverront aux ministres de l'intérieur et des cultes l'état estimatif des églises et presbytères supprimés dans chaque arrondissement de cures ou succursales, en même temps que l'état des réparations à faire aux églises et presbytères conservés.

qui défendait aux préfets de mettre en vente aucune des églises ou aucun des presbytères non employés dans la circonscription ecclésiastique, sans avoir obtenu une décision du ministre des finances.

[1] Voir le décret du 30 décembre 1809 et l'ordonnance du 8 août 1821, p. 81 et 110.

DÉCRET

PORTANT QUE LES HOSPICES ET BUREAUX DE BIENFAISANCE
DOIVENT PAYER AUX FABRIQUES LA RÉTRIBUTION DES
SERVICES RELIGIEUX FONDÉS SUR LES BIENS DONT ILS
AURAIENT ÉTÉ MIS EN POSSESSION[1].

19 juin 1806.

ART. 1er. Les administrations des hospices et des bureaux de bienfaisance qui, en vertu de la loi du 4 ventôse an IX, et des arrêtés y relatifs[2], auront été mis en possession de quelques biens et rentes chargés précédemment de fondations pour quelques services religieux, payeront régulièrement la rétribution de ces services religieux, conformément à notre décret du 22 fructidor an XIII, aux fabriques des églises auxquelles ces fondations doivent retourner.

2. Le payement des arrérages de cette rétribution s'effectuera à compter du 1er vendémiaire an XII, et dans les trois mois qui suivront la publication de notre présent décret.

3. Les fabriques veilleront à l'exécution des fondations, et en compteront le prix aux prêtres qui les auront acquittées, aux termes de notredit décret du 22 fructidor an XIII.

4. Dans les trois mois à compter d'aujourd'hui, les pré-

[1] Ce décret n'est ni au Bulletin des lois, ni dans Duvergier; il est rapporté dans l'Almanach du Clergé de 1834.

[2] L'arrêté du 15 brumaire et la loi du 4 ventôse an IX avaient affecté aux hospices les rentes appartenant à la république, dont la reconnaissance et le payement étaient interrompus, et les domaines nationaux usurpés par des particuliers. Les arrêtés des 7 messidor et 9 fructidor an IX et 27 frimaire an XI ont réglé l'exécution de cette mesure. (Voir aussi l'avis du conseil d'état du 30 avril 1807, p. 126 ci-après.)

fets donneront connaissance aux fabriques respectives des fonctions qui leur compètent, en conséquence de l'article 1er ci-dessus, et ils en enverront un état à notre ministre des cultes.

***

DÉCRET

CONCERNANT LES BIENS DES FABRIQUES DES ÉGLISES SUPPRIMÉES.

31 juillet 1806. (IV, Bull. 111, n° 1819.)

Vu l'article 2 de l'arrêté du Gouvernement du 7 thermidor an XI, portant, etc.

Considérant que la réunion des églises est le seul motif de la concession des biens des fabriques de ces églises; que c'est une mesure de justice que le Gouvernement a adoptée pour que le service des églises supprimées fût continué dans les églises conservées, et pour que les intentions des donateurs ou des fondateurs fussent remplies; que par conséquent il ne suffit pas qu'un bien de fabrique soit situé dans le territoire d'une paroisse ou succursale pour qu'il appartienne à celle-ci; qu'il faut encore que l'église à laquelle ce bien a appartenu soit réuni à cette paroisse ou succursale,

Notre conseil d'état entendu, etc.

Art. 1er. Les biens des fabriques des églises supprimées appartiennent aux fabriques des églises auxquelles les églises supprimées sont réunies, quand même ces biens seraient situés dans des communes étrangères.

***

AVIS DU CONSEIL D'ÉTAT

SUR LE MODE D'APRÈS LEQUEL LES FABRIQUES DOIVENT ÊTRE
ENVOYÉES EN POSSESSION DES BIENS ET REN·ES À ELLES
RESTITUÉS [1].

25 janvier 1807.

Le conseil d'état, qui, d'après le renvoi ordonné par Sa
Majesté, a entendu le rapport de la section des finances
sur celui du ministre de ce département, relatif à des
abus qui se seraient introduits dans plusieurs départements de l'empire : 1° à l'occasion de la restitution ordonnée par divers arrêtés du Gouvernement et décrets
impériaux, de biens et rentes non aliénés ayant appartenu
aux fabriques; 2° en ce que des curés et desservants se
sont mis en possession de biens provenant originairement
des anciennes dotations des cures, en sorte qu'ils cumu-
lent les revenus de ces biens avec le traitement qui leur
est accordé par l'état;

Considérant, 1° que les arrêtés du Gouvernement n'ont
restitué aux fabriques que leurs biens et rentes non aliénés;

2° Que ce n'est que par exception que les curés et desservants de certains lieux ont été autorisés à rester ou à
se mettre en possession des objets qui anciennement fai-
saient partie de la dotation des cures et autres bénéfices;

3° Que la proposition du ministre, qui a pour objet
d'obliger les marguilliers et les curés ou desservants à fournir des états détaillés des biens dont ils jouissent, tend à la

[1] Cet avis n'est pas au Bulletin des lois; il se trouve dans Duvergier et
dans l'Almanach du Clergé de 1834.

conservation, non-seulement des intérêts du trésor public, mais même de ceux desdites fabriques, curés ou desservants;

4° Qu'il est également nécessaire de s'occuper du mode à suivre pour les envois en possession qui pourront avoir lieu à l'avenir;

5° Que les moyens ordinaires d'administration sont suffisants pour remplir les vues du ministre,

Est d'avis:

1° Que les préfets doivent être chargés de transmettre au ministre des finances des états, détaillés des biens et revenus dont les fabriques, ainsi que les curés ou desservants, jouissent à quelque titre que ce soit, et d'y joindre leurs observations;

2° Que soit les fabriques, soit les curés ou desservants qui, par exception, sont autorisés à posséder des immeubles, ne doivent se mettre en possession à l'avenir d'aucun objet, qu'en vertu d'arrêtés spéciaux des préfets, rendus par eux, après avoir pris l'avis du directeur des domaines, et après qu'ils auront été revêtus de l'approbation du ministre des finances;

3° Qu'un double desdits états et arrêtés doit être envoyé par les préfets au ministre des cultes.

AVIS DU CONSEIL D'ÉTAT

SUR PLUSIEURS QUESTIONS RELATIVES AUX BIENS ET RENTES
SUR LESQUELS LES FABRIQUES ET LES HOSPICES PEUVENT
RÉCIPROQUEMENT PRÉTENDRE DES DROITS.

3o avril 1807. (IV, Bull. 148, n° 2453 [1].)

Le conseil d'état, qui, sur le renvoi ordonné par Sa
Majesté l'Empereur et Roi, a pris connaissance, 1° d'un
rapport du ministre de l'intérieur, en date du 8 avril 1806;
2° de celui du ministre des cultes, du 18 juin 1806; 3° de
celui du ministre des finances, du 4 mars 1807, par lesquels les ministres proposent ou discutent les quatre questions suivantes :

1° Les biens des fabriques que les hospices ont décou-
verts depuis la loi du 13 brumaire an II, qui les déclare
nationaux, jusqu'à l'arrêté du 7 thermidor an XI, qui les
rend aux fabriques, appartiennent-ils aux hospices par le
fait seul de la découverte, et sans qu'ils en aient été envoyés en possession?

2° Peut-on ranger parmi les domaines nationaux usurpés, et, en conséquence, appliquer les dispositions de la loi
du 4 ventôse an IX, à des biens de fabriques dont la rente
a cessé, à la vérité, d'être servie à la régie, mais dont le
bail ne remonte pas plus haut qu'à l'année 1786?

3° L'arrêté du 7 thermidor an XI, lequel met en réserve
*les rentes destinées aux hospices qui, à cette époque, ne leur
auront pas été transportées par un transfert légal,* est-il ap-

[1] Voir le décret du 19 juin 1806, p. 122 ci-dessus, et les notes y
relatives.

plicable à toute espèce de rentes attribuées aux hospices, soit en payement de leurs créances sur le Gouvernement, en vertu de l'arrêté du 15 brumaire an IX, soit à titre de découverte, en vertu de la loi du 4 ventôse an IX?

4° La décision du Gouvernement, du 7 nivôse an XII [1], qui restreint l'attribution des hospices aux rentes que leurs propres agents découvriraient, peut-elle s'appliquer aux rentes découvertes antérieurement par les préposés de la régie, et lorsque l'arrêté du 15 brumaire an IX imposait à ces préposés le devoir de poursuivre la restitution de ces rentes au profit des hospices?

Estime que la première question est clairement résolue par l'article 1er de l'arrêté du 7 thermidor an XI, où on lit que « les biens des fabriques non aliénés, ainsi que les rentes dont elles jouissaient, et dont le transfert n'a pas été fait, seront rendus à leur destination; » d'où il suit que tout immeuble ou rente provenant des fabriques, de confréries, de fondations ou de fabriques d'anciens chapitres, dont l'aliénation ou le transfert n'avait pas été consommé antérieurement à la promulgation des arrêtés des 7 thermidor an XI, 25 frimaire an XII [2], 15 ventôse et 28 messidor an XIII, retourne aux fabriques, et doit leur être restitué, quelles qu'aient été les démarches préliminaires des hospices pour en obtenir la jouissance, et que ces démarches leur donnent seulement le droit de répéter contre les fabriques le remboursement des frais faits pour parvenir à la découverte et à l'envoi en possession desdits biens;

Sur la seconde question, que la loi du 4 ventôse an IX

[1] Non insérée au Bulletin des lois.
[2] Voir la note 3 de la p. 117 ci-dessus, relative au décret du 22 fructidor an XIII.

a affecté aux hospices les rentes celées et les domaines usurpés ; que l'arrêté du 27 frimaire an XI a défini ce qu'on devait entendre par *rentes celées* [1]; et que, s'il restait quelque doute sur l'expression de *domaines usurpés*, il serait levé par l'article 6 de l'arrêté du 7 messidor an IX, qui autorise les hospices à poursuivre tous fermiers, locataires, concessionnaires et autres, jouissant *à quelque titre que ce soit*, s'ils n'ont pas déclaré, conformément à l'article 37 des décrets des 7 et 11-24 août 1790, comment et en vertu de quoi ils jouissent, s'ils n'ont pas représenté et fait parapher leurs titres; que là date et la nature du titre sont ici indifférents, puisque, *quel qu'il soit*, il suffit qu'il n'ait point été déclaré en exécution de la loi de 1790, qu'il ne soit pas rappelé aux registres de la régie, et que le service de la rente ait été interrompu pendant les délais déterminés, pour caractériser l'espèce d'usurpation qui donne ouverture aux droits des hospices;

Sur la troisième, que l'arrêté du 7 thermidor an XI, lorsqu'il a suspendu le transfert des rentes au profit des hospices, n'a frappé que sur les capitaux de rentes servies à la régie et bien connues, qui avaient été affectées au payement de leur dette arriérée par l'arrêté du 15 brumaire an IX, suspension motivée par la circonstance où ces rentes avaient été précédemment, et par arrêté du

---

[1] Cet arrêté désignait les rentes provenant de l'ancien domaine national, du clergé et des corporations supprimées, qui étaient censées appartenir aux hospices. L'article 2 portait que toute rente d'une telle origine, qui ne serait pas inscrite sur les registres de la régie des domaines, ou dont cette régie, quoiqu'elle en eût les titres, n'aurait pas opéré ou poursuivi le recouvrement, serait réputée celée, et appartiendrait aux hospices, pourvu que six ans au moins se fussent écoulés depuis que la rente avait été mise sous la main de la nation jusqu'au jour de cet arrêté.

27 prairial an VIII [1], affectées au rachat des rescriptions émises par la trésorerie, et qu'on avait de justes raisons de craindre que ces rentes ne suffisent pas à l'une et à l'autre destination; mais qu'on ne doit pas confondre ces rentes servies à la régie des domaines, connues, et qui avaient une affectation précédente, avec des rentes inconnues et souvent douteuses, auxquelles il était bien impossible de donner une affectation, et qui appartiennent aux hospices par le fait seul de la découverte constatée, à moins qu'elles ne proviennent de fabriques;

Sur la quatrième question, que l'on ne peut, dans aucun cas, attribuer aux hospices une rente dont le service aurait été interrompu, mais qui aurait été découverte par un agent du domaine, puisque la découverte a dû être constatée sur-le-champ par une inscription aux registres de la régie, et que l'une des conditions essentielles de l'abandon d'une rente aux hospices, c'est qu'il ne s'en trouve aucune mention sur ces registres. Les préposés de la régie ne se trouvent point compris parmi les fonctionnaires publics prévus par l'article 5 de l'arrêté du 15 brumaire an IX; jamais on n'a entendu leur imposer le devoir de rechercher des rentes au profit des hospices, ni les dispenser de celui d'en rechercher au profit de la régie.

[1] Inséré au Bulletin des lois (III, Bull. 31, n° 200), et relatif à l'emploi des capitaux de rentes dues à l'état, dont le rachat avait été autorisé par la loi du 21 nivôse précédent.

DÉCRET

CONCERNANT LES ÉGLISES ET PRESBYTÈRES RENTRÉS DANS LA MAIN DU DOMAINE POUR CAUSE DE DÉCHÉANCE, AINSI QUE LES CHAPELLES DE CONGRÉGATIONS ET LES ÉGLISES DES MONASTÈRES [1].

17 mars 1809.

Vu les articles 72 et 75 de la loi du 18 germinal an x, ainsi conçus, etc.

Vu l'article 1er de notre décret impérial du 30 mai 1806, ainsi conçu, etc.

ART. 1er. Les dispositions des articles ci-dessus de la loi du 18 germinal an x sont applicables aux églises et aux presbytères qui, ayant été aliénés, sont rentrés dans la main du domaine pour cause de déchéance.

2. Néanmoins, dans le cas de cédules souscrites par les acquéreurs déchus, à raison du prix de leur acquisition, le remboursement du montant de ces cédules sera à la charge de la paroisse à laquelle l'église et le presbytère seront rendus; comme aussi, dans le cas où les acquéreurs déchus auraient commis des dégradations pour l'enlèvement de quelques matériaux, ils seront tenus de verser la valeur de ces dégradations dans la caisse de la commune, qui, à cet effet, est mise aux lieu et place du domaine.

3. Les dispositions du décret du 30 mai 1806 pourront être appliquées aux chapelles de congrégations et aux églises des monastères non aliénées, ni concédées pour un service

[1] Ce décret n'a pas été inséré au Bulletin des lois et n'est pas non plus publié par Duvergier; il se trouve dans l'Almanach du Clergé de 1836, pag. 486.

public, et actuellement disponibles, sur le rapport qui sera fait, pour chaque commune, par notre ministre des cultes, sur l'avis de nos ministres des finances et de l'intérieur.

DÉCRET

QUI APPLIQUE AUX MAISONS VICARIALES NON ALIÉNÉES LES DISPOSITIONS DES DÉCRETS DES 30 MAI 1806 ET 17 MARS 1809 [1].

8 novembre 1810.

Les dispositions des décrets des 30 mai 1806 et 17 mars 1809 sont applicables aux maisons vicariales non aliénées, ni concédées pour un service public, et actuellement disponibles. Ces maisons feront partie des biens restitués aux fabriques, et seront réunies à celles des cures et succursales dans l'arrondissement desquelles elles seront situées. Elles pourront être échangées, louées et aliénées au profit des églises et presbytères des chefs-lieux, en se conformant aux dispositions prescrites par le décret du 30 mai 1806.

AVIS DU CONSEIL D'ÉTAT

PORTANT QUE LES FABRIQUES NE SONT POINT CHARGÉES DES RENTES DONT ÉTAIENT GREVÉS LES BIENS À ELLES RESTITUÉS PAR LE DOMAINE.

9 décembre 1810. (IV, Bull. 336, n° 6248.)

Le conseil d'état, qui, d'après le renvoi ordonné par Sa Majesté, a entendu le rapport de la section de l'intérieur

[1] Je n'ai trouvé ce décret qu'aux archives de l'administration des cultes.

sur celui du ministre des cultes, tendant à autoriser la fabrique de Cavron-Saint-Martin à vendre un ancien presbytère pour rembourser une rente de 5o francs, constituée par ladite fabrique en 1782;

Vu les pièces à l'appui,

Est d'avis:

Que la rente dont est question n'est pas à la charge de la fabrique;

Que ses biens ayant été réunis au domaine, le domaine est devenu débiteur de la rente;

Que les biens rendus aux fabriques leur ont été rendus quittes des rentes dont ils étaient grevés, pour lesquels les créanciers doivent se pourvoir devant le ministre des finances, depuis la suppression de la liquidation générale.

ORDONNANCE

QUI AUTORISE LES FABRIQUES DES SUCCURSALES À SE FAIRE REMETTRE EN POSSESSION DES BIENS ET RENTES APPARTENANT AUTREFOIS AUX ÉGLISES QU'ELLES ADMINISTRENT.

28 mars 1820. (VII, Bull. 361, n° 8620.)

Vu l'arrêté du 7 thermidor an XI et les décrets des 30 mai et 31 juillet 1806, concernant les biens et rentes des fabriques des églises;

Vu le décret du 30 septembre 1807, qui détermine les cas où les communes pourront faire ériger leurs églises en chapelles;

Vu notre ordonnance royale du 25 août 1819, qui augmente le nombre des succursales;

D'après les observations qui nous ont été soumises par plusieurs évêques de notre royaume;

Voulant concilier, autant que possible, l'intérêt que nous inspirent les efforts et les sacrifices des communes réunies pour obtenir l'exercice de la religion, et celui que méritent les églises reconnues comme paroisses par la circonscription ecclésiastique, ainsi que les droits concédés à ces églises par l'arrêté du 7 thermidor an xi et les décrets des 30 mai et 31 juillet 1806;

Notre conseil d'état entendu, etc.

ART. 1er. Les fabriques des succursales érigées depuis la circonscription générale des paroisses du royaume approuvée le 28 août 1808, ou qui le seraient à l'avenir, sont autorisées à se faire remettre en possession des biens ou rentes appartenant autrefois aux églises qu'elles administrent ou à celles qui y sont réunies, dont, au moment de la publication de la présente ordonnance, le transfert ou l'aliénation n'aurait pas été définitivement et régulièrement consommé en exécution de l'article 2 de l'arrêté du 7 thermidor an xi, et des décrets des 30 mai et 31 juillet 1806.

2. La même faculté est accordée, sous les mêmes conditions, aux fabriques des chapelles établies conformément aux dispositions du titre II du décret du 30 septembre 1807, mais seulement quant à l'usufruit des biens ou rentes appartenant autrefois, soit à l'église érigée légalement en chapelle, soit à celles qui se trouveraient comprises dans la circonscription, et à la charge, par la fabrique usufruitière, de donner immédiatement avis à la fabrique de la cure ou succursale, des biens ou rentes dont elle se serait mise ou poursuivrait l'entrée en jouissance, pour par cette dernière être prises les mesures nécessaires afin de se faire en-

voyer régulièrement en possession de la nue propriété.

3. Les évêques pourront nous proposer de distraire des biens et rentes possédés par une fabrique paroissiale, pour être rendus à leur destination originaire, soit en toute propriété, soit seulement en simple usufruit, suivant les distinctions établies ci-dessus, ceux ou partie de ceux provenant de l'église érigée postérieurement en succursale ou chapelle, lorsqu'il sera reconnu que cette distraction laissera à la fabrique possesseur actuel les ressources suffisantes pour l'acquittement de ses dépenses. La délibération de cette dernière fabrique, une copie de son budget, la délibération du conseil municipal, et les avis du sous-préfet et du préfet, devront accompagner la proposition de l'évêque.

SECTION VIII.

ÉGLISES ET PRESBYTÈRES[1].

AVIS DU CONSEIL D'ÉTAT

RELATIF AUX PROPRIÉTÉS COMMUNALES EXCEPTÉES
DE LA RÉUNION AU DOMAINE NATIONAL.

3 nivôse an XIII. (Duvergier.)

Le conseil d'état, qui a entendu le rapport de la section
de l'intérieur sur celui du ministre de l'intérieur, relatif
aux biens communaux;

Vu la loi du 24 août 1793, sur la dette publique, etc.

Considérant qu'il est nécessaire de déterminer d'une manière claire, et qui prévienne tous les doutes, le sens de
l'article 91 de la loi du 24 août 1793, portant que tout
l'actif des communes pour le compte desquelles le Gouvernement se charge d'acquitter les dettes, excepté les biens
communaux et les objets destinés pour les établissements
publics, appartient dès ce jour à la nation, jusqu'à concurrence desdites dettes, et d'expliquer l'exception prononcée

---

[1] Voir d'abord les articles 72, 74, 75 et 77 des articles organiques,
p. 18; voir aussi le décret du 17 mars 1809, p. 130; l'article 4 de l'ordonnance du 8 août 1821, p. 110, et les articles 21 et 30 de la loi du
18 juillet 1837, p. 112; voir également, pour ce qui concerne les
chaises et les bancs des églises, les articles 65 et suiv. du décret du 30 décembre 1809, p. 99.

audit article pour les objets destinés aux établissements publics;

Est d'avis: 1° Que les propriétés susceptibles d'être réunies au domaine national sont, outre les créances dues par la république aux communes, ou par des particuliers aux mêmes communes, les biens patrimoniaux que les communes afferment ou louent pour en retirer une rente;

2° Que les halles, les places, les marchés............ ne peuvent être, non plus que les biens communaux, réunis au domaine;

3° Que les bâtiments, maisons et emplacements nécessaires au service public de la commune, qui sont employés comme tels sans être loués ou affermés pour produire une rente, comme les hôtels de ville, les prisons, *les presbytères, les églises rendues au culte*, les halles, les boucheries, etc. *ne peuvent cesser d'appartenir aux communes;*

4° Que toutes les dispositions contraires au présent avis doivent être annulées.

AVIS DU CONSEIL D'ÉTAT

SUR LA PROPRIÉTÉ DES ÉGLISES ET PRESBYTÈRES ABANDONNÉS AUX COMMUNES, EN EXÉCUTION DE LA LOI DU 18 GERMINAL AN X.

6 pluviôse an XIII. (Duvergier.)

Le conseil d'état, qui, d'après le renvoi fait par Sa Majesté l'Empereur, a entendu les rapports de la section des finances et de l'intérieur sur ceux des ministres des finances et de l'intérieur, tendant à faire décider par Sa Majesté impériale la question de savoir si les communes sont devenues propriétaires des églises et presbytères qui leur ont été abandonnés en exécution de la loi du 18 germinal an x,

Est d'avis que lesdites églises et presbytères doivent être considérés comme propriétés communales [1].

⁂

AVIS DU CONSEIL D'ÉTAT

SUR UN ÉCHANGE PROPOSÉ POUR AVOIR LE DROIT DE FAIRE CONSTRUIRE UNE TRIBUNE PARTICULIÈRE DANS LE CHŒUR D'UNE ÉGLISE.

4 juin 1809. (IV, Bull. 238, n° 4436.)

Le conseil d'état, qui, d'après le renvoi ordonné par Sa Majesté, a entendu le rapport de la section de l'intérieur sur celui du ministre de ce département, tendant à faire autoriser le maire de la Ferrière-sur-Rille, département de l'Eure, à consentir, au profit du sieur Pierre Agis, l'aliénation d'une partie du chœur de l'église de ladite commune, où ce particulier se propose d'établir à ses frais une tribune et un escalier pour y monter, et à recevoir en échange un terrain clos pour l'établissement d'un cimetière, et l'engagement, de la part du sieur Agis, de concourir annuellement pour un millier de tuiles, évalué quinze francs, à l'entretien de la toiture de l'église;

Considérant que les aliénations à perpétuité d'une portion d'église tendent à démembrer successivement une pro-

_____
[1] Voir les articles 72 et 75 des articles organiques, les décrets des 30 mai 1806 et 17 mars 1809, p. 120 et 130, et l'article 4 de l'ordonnance du 3 mars 1825, p. 138.

priété dont la destination rend la jouissance en commun nécessaire ;

Que le résultat de ces morcellements serait, à la longue, de priver une partie des fidèles d'une place dans l'église ;

Que, d'ailleurs, le droit exclusif de jouir d'une tribune dans l'église se rattache à des idées de prééminence, et que la loi du 18 germinal an x, article 47, a accordé aux seuls fonctionnaires civils ou militaires le droit d'avoir dans l'église une place distinguée,

Est d'avis que l'échange proposé ne peut être approuvé, et que le présent avis soit inséré au Bulletin des lois.

ORDONNANCE

RELATIVE AUX PRESBYTÈRES.

3 mars 1825. (VIII, Bull. 55, n° 1595.)

Vu la loi du 8 avril 1802 (18 germinal an x),

L'arrêté du Gouvernement du 26 juillet 1803 (7 thermidor an xi),

L'avis du conseil d'état du 26 janvier 1805 (6 pluviôse an xiii),

Les décrets des 30 mai et 31 juillet 1806, 30 décembre 1809 et 6 novembre 1813,

Notre conseil d'état entendu, etc.

ART. 1er. A l'avenir, aucune distraction de parties superflues d'un presbytère pour un autre service ne pourra avoir lieu sans notre autorisation spéciale, notre conseil d'état entendu. Toute demande à cet effet sera revêtue de l'avis de l'évêque et du préfet, et accompagnée d'un plan qui figurera le logement à laisser au curé ou desservant, et la distribution à faire pour isoler ce logement. Toutefois, il n'est point dérogé aux emplois et dispositions régulièrement faits jusqu'à ce jour.

2. Les curés ou leurs vicaires, ainsi que les desservants autorisés par leur évêque à biner dans les succursales vacantes, ont droit à la jouissance des presbytères et dépendances de ces succursales, tant qu'ils exercent régulièrement ce double service; ils ne peuvent en louer tout ou partie qu'avec l'autorisation de l'évêque.

3. Dans les communes qui ne sont ni paroisses ni succursales, et dans les succursales où le binage n'a pas lieu, les presbytères et dépendances peuvent être amodiés, mais sous la condition expresse de rendre immédiatement les presbytères des succursales, s'il est nommé un desservant, ou si l'évêque autorise un curé, vicaire ou desservant voisin à y exercer le binage.

4. Le produit de cette location appartient à la fabrique, si le presbytère et ses dépendances lui ont été remis en exécution de la loi du 8 avril 1802, de l'arrêté du Gouvernement du 26 juillet 1803, des décrets des 30 mai et 31 juillet 1806; si elle en a fait l'acquisition sur ses propres ressources, ou s'ils lui sont échus par legs ou donations. Le produit appartient à la commune quand le presbytère et ses dépendances ont été acquis ou construits de ses deniers, ou quand il lui en a été fait legs ou donation.

SECTION IX.

CHAPELLES ET ANNEXES.

DÉCRET

QUI AUGMENTE LE NOMBRE DES SUCCURSALES ET PERMET L'ÉTABLISSEMENT DE CHAPELLES ET D'ANNEXES.

(30 septembre 1807. (IV, Bull. 337, n° 6256.)

(Extrait.)

TITRE Ier.

Des succursales [1].

TITRE. II.

Des chapelles ou annexes [2].

ART. 8. Dans les paroisses ou succursales trop étendues, et lorsque la difficulté des communications l'exigera, il pourra être établi des chapelles.

[1] Ce titre porte le nombre des succursales de 24,000 à 30,000, et prescrit les mesures d'exécution nécessaires.

[2] Voir aussi, sur cette matière, les articles 2 et 3 de l'ordonnance du 28 mars 1820, p. 132. Plusieurs circulaires ministérielles ont tracé les formalités à remplir pour arriver à l'érection de chapelles ou d'annexes. On peut consulter, notamment, celles des 12 octobre 1807, 19 novembre 1808, 11 mars 1809, 4 juillet 1810, 11 octobre 1811, et celle du 21 août 1833, qui résume et complète les précédentes.

9. L'établissement de ces chapelles devra être préalablement provoqué par une délibération du conseil général de
la commune, dûment autorisé à s'assembler à cet effet, et
qui contiendra l'engagement de doter le chapelain.

10. La somme qui sera proposée pour servir de traitement à ce chapelain sera énoncée dans la délibération, et,
après que nous aurons autorisé l'établissement de la chapelle, le préfet arrêtera et rendra exécutoire le rôle de
répartition de ladite somme,

11. Il pourra également être érigé une annexe, sur la
demande des principaux contribuables d'une commune, et
sur l'obligation personnelle qu'ils souscriront de payer le
vicaire; laquelle sera rendue exécutoire par l'homologation
et à la diligence du préfet, après l'érection de l'annexe.

12. Expéditions desdites délibérations, demandes, engagements, obligations, seront adressées au préfet du département et à l'évêque diocésain, lesquels, après s'être
concertés, adresseront chacun leur avis sur l'érection de
l'annexe à notre ministre des cultes, qui nous en fera rapport.

13. Les chapelles ou annexes dépendront des cures ou
succursales dans l'arrondissement desquelles elles seront
placées; elles seront sous la surveillance des curés ou desservants, et le prêtre qui y sera attaché n'exercera qu'en
qualité de vicaire ou de chapelain.

AVIS DU CONSEIL D'ÉTAT

SUR LA QUESTION DE SAVOIR SI LES COMMUNES QUI OBTIENNENT
UNE CHAPELLE OU UNE ANNEXE DOIVENT CONTRIBUER AUX
FRAIS DU CULTE PAROISSIAL.

14 décembre 1810. (IV, Bull. 337, n° 6256.)

Le conseil d'état, qui, en exécution du renvoi ordonné
par Sa Majesté, a entendu le rapport de la section de l'intérieur sur celui du ministre des cultes, tendant à ce qu'il
soit statué sur la question de savoir si les communes qui
obtiennent une annexe ou une chapelle doivent contribuer
aux frais du culte paroissial ;

Vu les dispositions du décret du 30 septembre 1807,
concernant les chapelles et annexes, et les instructions données en conséquence par le ministre des cultes ;

Considérant que, parmi les communes qui ont obtenu
des chapelles et annexes, il en est que de grandes distances
ou des chemins souvent impraticables séparent des chefs-
lieux des cures ou des succursales, et dans lesquelles il est
nécessaire qu'il y ait un prêtre à demeure ; que ces dernières
communes devant assurer à la fois un traitement convenable
au chapelain ou vicaire, et pourvoir à l'entretien de leur
église et presbytère, il ne serait pas juste de leur imposer
une double charge, en les obligeant à concourir en outre
aux besoins de l'église paroissiale,

Est d'avis :

1° Que les communes dans lesquelles une chapelle est
établie, en exécution du décret impérial du 30 septembre
1807, où il est pourvu au logement et au traitement du

chapelain, et à tous les autres frais du culte, en vertu d'une délibération du conseil général de la commune, par des revenus communaux ou par l'imposition de centimes additionnels, ne doivent contribuer en rien aux frais du culte paroissial;

2° Que les communes qui n'ont qu'une annexe où un prêtre va dire la messe une fois la semaine seulement, pour la commodité de quelques habitants qui ont pourvu par une souscription à son payement, doivent concourir, tant aux frais d'entretien de l'église et presbytère qu'aux autres dépenses du culte, dans le chef-lieu de la cure ou de la succursale.

AVIS DU CONSEIL D'ÉTAT

RELATIF AUX DEMANDES EN ÉRECTION DE CHAPELLES.

6 novembre 1813. (IV, Bull. 533, n° 9835.)

Le conseil d'état, qui, d'après le renvoi ordonné par Sa Majesté, a entendu les rapports de la section de l'intérieur sur ceux du ministre des cultes, tendant à faire ériger des chapelles dans diverses communes;

Considérant que, s'il convient de mettre les secours spirituels de la religion à la portée des citoyens, il est également convenable d'établir sur des ressources assurées le sort des ecclésiastiques chargés de les administrer, et de ne point imposer aux contribuables des charges inutiles ou au-dessus de leurs forces;

Considérant que les demandes en érection de chapelles ne sont pas toujours appuyées de documents suffisants pour démontrer la nécessité de ces érections, ni pour établir le rapport des charges qui doivent en résulter avec les contributions ordinaires,

Est d'avis qu'indépendamment des documents exigés jusqu'à ce jour, toute demande en érection de chapelle doit être accompagnée à l'avenir :

1° D'un certificat de l'ingénieur du département, constatant la distance de la commune demandante à l'église paroissiale ou succursale, et les difficultés que l'état des lieux pourrait apporter aux communications dans le mauvais temps;

2° D'un certificat du directeur des contributions, constatant le montant du principal des contributions foncière et mobilière des domiciliés catholiques de la commune, abstraction faite des accessoires desdites contributions;

3° Et d'un état de la population, certifié par le sous-préfet.

ORDONNANCE

RELATIVE AUX DONS ET LEGS FAITS AUX CHAPELLES OU ANNEXES [1].

19 janvier 1820.

Les dispositions entre vifs ou par testament, faites au profit des chapelles dont l'érection a été autorisée par le Roi, seront acceptées dans les formes et conditions réglées par l'ordonnance du 2 avril 1817. Si la chapelle n'est pas

___

[1] Cette ordonnance n'a été insérée ni au Bulletin des lois, ni dans Duvergier; elle se trouve dans l'Almanach du Clergé de 1834.

érigée, le maire devra poursuivre l'érection et l'autorisation d'accepter la libéralité. Les dispositions faites en faveur des annexes érigées, ou dont l'érection n'aurait pas encore été autorisée, ne pourront être acceptées que par le trésorier ou par le desservant de l'église paroissiale, dans les formes déterminées ci-dessus, à la charge de donner à la libéralité reçue la destination indiquée par le donateur.

SECTION X.

CHAPELLES DOMESTIQUES ET ORATOIRES PARTICULIERS [1].

DÉCRET

RELATIF AU MODE D'AUTORISATION DES CHAPELLES DOMES-TIQUES ET ORATOIRES PARTICULIERS.

22 décembre 1812. (IV. Bull. 456, n° 8401.)

ART. 1er. Les chapelles domestiques et oratoires particuliers, dont est mention en l'article 44 de la loi du 18 germinal an x, et qui n'ont pas encore été autorisés par un décret, aux termes dudit article, ne seront autorisés que conformément aux dispositions suivantes.

2. Les demandes d'oratoires particuliers pour les hospices, les prisons, les maisons de détention et de travail, les écoles secondaires ecclésiastiques, les congrégations religieuses, les lycées et les colléges, et des chapelles et oratoires domestiques, à la ville ou à la campagne, pour les individus ou les grands établissements de fabriques et manufactures, seront accordées par nous en notre conseil, sur la demande des évêques. A ces demandes seront jointes les délibérations prises à cet effet par les administrateurs des établissements publics, et l'avis des maires et des préfets.

3. Les pensionnats pour les jeunes filles et pour les jeunes garçons pourront également, et dans les mêmes

[1] Voir l'article 44 des articles organiques, p. 13.

formes, obtenir un oratoire particulier, lorsqu'il s'y trouvera un nombre suffisant d'élèves et qu'il y aura d'autres motifs déterminants.

4. Les évêques ne consacreront les chapelles ou oratoires que sur la représentation de notre décret.

5. Aucune chapelle ou oratoire ne pourra exister dans les villes que pour causes graves, et pour la durée de la vie de la personne qui aura obtenu la permission.

6. Les particuliers qui auront des chapelles à la campagne ne pourront y faire célébrer l'office que par des prêtres autorisés par l'évêque, qui n'accordera la permission qu'autant qu'il jugerait pouvoir le faire sans nuire au service curial de son diocèse.

7. Les chapelains des chapelles rurales ne pourront administrer les sacrements qu'autant qu'ils auront les pouvoirs spéciaux de l'évêque, et sous l'autorité et la surveillance du curé.

8. Tous les oratoires ou chapelles où le propriétaire voudrait faire exercer le culte, et pour lesquels il ne présenterait pas, dans le délai de six mois, l'autorisation énoncée dans l'article 1er, seront fermés, à la diligence de nos procureurs près nos cours et tribunaux, et des préfets, maires et autres officiers de police [1].

[1] Le délai fixé par cet article a été prorogé de quatre mois par un décret du 26 juin 1813; il n'est, d'ailleurs, que comminatoire.

SECTION XI.

TRAITEMENTS ET DÉPENSES ECCLÉSIASTIQUES [1].

ARRÊTÉ

QUI DÉCLARE INSAISISSABLES LES TRAITEMENTS ECCLÉSIASTIQUES.

18 nivôse an XI. (III, Bull. 241, n° 2247.)

Les traitements ecclésiastiques seront insaisissables dans leur totalité.

Le ministre du Trésor public est chargé, etc.

---

[1] Indépendamment des actes dont le texte va être cité, il faut consulter :

Les articles 64-71 des articles organiques, p. 16;

L'arrêté du 27 brumaire an XI et le décret du 11 prairial an XII, qui, entre autres dispositions, portent que les traitements ecclésiastiques doivent être payés par trimestre;

L'arrêté du 18 germinal an XI, autorisant les conseils généraux de départements et les conseils municipaux à accorder une augmentation de traitement aux ministres du culte, et à voter diverses autres dépenses relatives au logement de ces ministres;

L'arrêté du 11 fructidor an XI, relatif au traitement des vicaires, chapelains et aumôniers attachés à l'exercice du culte dans les établissements d'humanité;

Les ordonnances des 5 juin 1816, 9 avril 1817, 20 mai 1818, 25 août 1819 et 21 novembre 1827, accordant successivement diverses augmentations de traitements ou indemnités;

La loi du 4 juillet 1821, relative aux pensions ecclésiastiques, p. 28, et l'ordonnance du 31 du même mois;

DÉCRET

QUI ORDONNE UN PRÉLÈVEMENT SUR LE PRODUIT DE LA LO-
CATION DES BANCS ET CHAISES POUR FORMER UN FONDS
DE SECOURS.

13 thermidor an XIII. (IV, Bull. 53, n° 879.)

ART. 1er. Le sixième du produit de la location des bancs,
chaises et places dans les églises, faite en vertu des règlements des évêques pour les fabriques de leurs diocèses,
après déduction des sommes que les fabriques auront dé-
pensées pour établir ces bancs et chaises, sera prélevé pour
former un fonds de secours à répartir entre les ecclésiastiques âgés ou infirmes.

2. Les évêques adresseront au ministre des cultes, dans
le mois qui suivra la publication du présent décret, un
projet de règlement pour déterminer le mode et les précautions relatifs à ce prélèvement, ainsi que la manière
d'en appliquer le résultat et d'en faire la distribution.

L'instruction générale du 1er avril 1823, relative au payement des
dépenses des cultes;

L'article 30, n° 13, de la loi du 18 juillet 1837, p. 113, qui met au
nombre des dépenses obligatoires des communes le logement des curés
et desservants.

AVIS DU CONSEIL D'ÉTAT

RELATIF À LA QUOTITÉ ET AU MODE DE PAYEMENT
DU TRAITEMENT DES VICAIRES.

19 mai 1811. (IV, Bull. 372, n° 6854.)

Le conseil d'état, qui, d'après le renvoi ordonné par Sa Majesté, a entendu le rapport de la section de l'intérieur sur celui du ministre de ce département, concernant le mode de payement des vicaires des cures ou succursales, dont la nécessité aura été constatée, et sur le mode de ce payement,

Est d'avis :

Que la quotité du traitement des vicaires est réglée par l'article 40 du décret du 30 décembre 1809, qui en fixe le maximum à 500 francs, et le minimum à 300 francs ;

Que le mode de payement est réglé par le même décret, attendu, 1° que l'article 39, en cas d'insuffisance des revenus de la fabrique pour effectuer ce payement, renvoie à procéder comme il est dit article 49 ; 2° que l'article 49 porte qu'en cas d'insuffisance des revenus de la fabrique, on établira ce qui doit être demandé aux paroissiens, qui y pourvoiront dans les formes réglées au chapitre IV ; 3° que, dans le chapitre IV, la manière de procéder est en effet réglée, et que l'article 99 dit qu'en cas d'insuffisance des biens communaux, le conseil délibérera sur les moyens de subvenir aux dépenses selon les règles prescrites par la loi ;

Que, dans les dépenses, le traitement des vicaires se trouve compris, d'après le renvoi de l'article 39 à l'article 49, et de l'article 49 au chapitre IV et à l'article 99 ;

Que, conséquemment, si la nécessité les y oblige, et si les communes le peuvent, les conseils municipaux ont la faculté de voter une imposition pour le payement des vicaires;

Que ce vote toutefois doit, avant d'être exécuté, être autorisé en conseil d'état, sur le rapport du ministre de l'intérieur [1].

DÉCRET

RELATIF AU REMPLACEMENT DES TITULAIRES DE CURES EN CAS D'ABSENCE OU DE MALADIE.

17 novembre 1811. (IV, Bull. 403, n° 7456.)

§ Ier.

Du remplacement des titulaires de cures en cas d'absence.

ART. 1er. Dans le cas où un titulaire se trouverait éloigné temporairement de sa paroisse, un ecclésiastique sera nommé par l'évêque pour le remplacer provisoirement, et cet ecclésiastique recevra, outre le casuel auquel le curé ou desservant aurait eu droit, une indemnité.

[1] Il faut, du reste, remarquer que, depuis cet avis, un crédit spécial a été ouvert au budget pour allouer des indemnités aux vicaires sur les fonds de l'état. Mais cette allocation ne détruit pas les obligations des communes pour compléter, lorsqu'il y a lieu, le traitement des vicaires. (Voir l'ordonnance du 25 août 1819, p. 75, ci-dessus.)

§ II.

Du traitement du remplaçant, quand le titulaire est éloigné par mauvaise conduite.

2. Si le titulaire est éloigné pour cause de mauvaise conduite, l'indemnité du remplaçant provisoire sera prise sur le revenu du titulaire, soit en argent, soit en biens fonds.

3. Si le revenu est en argent, l'indemnité du remplaçant sera, savoir :

Dans une succursale, de 250 francs par an, au prorata du temps du remplacement;

Dans une cure de deuxième classe, de 600 francs, et, dans une cure de première classe, de 1,000 francs.

Cette indemnité sera prélevée, au besoin, en partie ou en totalité, sur la pension ecclésiastique du titulaire.

4. Si le titulaire est doté, partie en biens fonds, par exception à la loi de germinal an x, partie en supplément pécuniaire, pour lui compléter un revenu de 500 francs, l'indemnité du remplaçant sera de 250 francs, à prendre d'abord sur le supplément pécuniaire, et, en cas d'insuffisance, sur les revenus en biens fonds.

5. Si le titulaire, ayant moins de cinq cents francs de revenu en biens fonds, jouit d'une pension ecclésiastique [1], au moyen de laquelle il n'a point à recevoir de supplément, l'indemnité de 250 francs du remplaçant sera d'abord prise sur la pension, et au besoin sur les biens fonds.

6. Si le titulaire jouit d'un revenu de 500 francs entiè-

[1] Voir l'article 67 des articles organiques, p. 17.

rement en biens fonds, l'indemnité du remplaçant sera également de 250 francs, à prendre entièrement sur les revenus.

7. Si le revenu du titulaire en biens fonds excède 500 francs, l'indemnité du remplaçant sera de 300 francs, lorsque ce revenu sera de 500 francs à 700 francs, et des deux tiers du revenu, au-dessus de 700 francs.

S. III.

Du traitement en cas d'absence des titulaires pour cause de maladie.

8. Dans le cas d'absence pour cause de maladie, il sera conservé aux titulaires de succursales et de cures de deuxième classe, et, dans les cures dotées en biens fonds, à tous les curés dont la dotation n'excéderait pas 1200 francs, un revenu jusqu'à concurrence de 700 francs.

9. Le surplus de l'indemnité du remplaçant, ou la totalité de l'indemnité, si le revenu n'est que de 700 francs, sera, comme le payement des vicaires, à la charge de la fabrique de la paroisse, et, en cas d'insuffisance du revenu de la fabrique, à la charge de la commune, conformément au décret du 30 décembre 1809, concernant les fabriques.

10. Cette indemnité à la charge de la commune ou de la fabrique est fixée, dans les succursales, à 250 francs; dans les cures de deuxième classe, à 400 francs; dans les cures dont le revenu, soit entièrement en biens fonds, soit avec un supplément pécuniaire, s'élève à 500 francs, à 250 francs; lorsque le revenu en biens fonds s'élève de 500 fr. à 700 fr., à 300 fr.; de 700 fr. à 1000 fr., à 350 fr.; et de 1,000 fr. à 1,200 fr., à 400 fr.

11. Lorsque le titulaire, absent pour cause de maladie, est curé de première classe, ou que le revenu de sa cure en biens-fonds excède 1,200 fr. l'indemnité du remplaçant sera à sa charge. Cette indemnité est fixée, savoir : dans une cure de première classe, à 700 fr. dans les cures dont la dotation en biens fonds s'élève plus haut que 1,500 fr. jusqu'à 2,000 fr. à 800 fr. et au-dessus de 2,000 fr. à 1,000 fr.

§ IV.

Règles générales.

12. L'absence d'un titulaire, pour cause de maladie, sera constatée au moyen d'un acte de notoriété, dressé par le maire de la commune où est située la paroisse.

13. Quelle que soit la cause de l'éloignement du titulaire, lorsque l'indemnité du remplaçant, dans les cures dotées entièrement en biens fonds, doit être fixée d'après le produit des revenus fonciers, le montant de ce produit sera évalué au moyen d'un acte de notoriété semblable.

14. Toutes les fois que, dans les cures dotées en biens fonds, par une dérogation autorisée par nous à la loi de germinal an x, l'indemnité du remplaçant étant à la charge du titulaire, une partie de la totalité doit en être imputée sur les revenus de la cure, le remplaçant sera créancier privilégié du titulaire, et sur les revenus de la somme qui lui en revient.

§ V.

Du cas d'infirmité des curés ou desservants.

15. Lorsqu'un curé ou desservant sera devenu, par son âge ou ses infirmités, dans l'impuissance de remplir

seul ses fonctions, il pourra demander un vicaire qui soit à la charge de la fabrique, et, en cas d'insuffisance de son revenu, à la charge des habitants, avec le traitement tel qu'il est réglé par l'article 40 du décret du 30 décembre 1809, sur les fabriques.

ORDONNANCE

QUI ACCORDE UN SUPPLÉMENT DE TRAITEMENT AUX DESSERVANTS CHARGÉS DU SERVICE DE DEUX SUCCURSALES.

6 novembre 1814. (Moniteur, n° 319; Duvergier [1].)

ART. 1er. Un supplément de traitement de 200 fr. par an sera payé, à compter du 1er janvier 1814, à chaque desservant que son évêque aura chargé provisoirement du service de deux succursales, à défaut de desservant en exercice dans l'une d'elles, et ce autant que durera le double service.

2. Ce supplément sera imputé sur les crédits ouverts à notre ministre secrétaire d'état de l'intérieur pour les dépenses du clergé.

---

[1] Un décret du 15 mars 1814 avait déjà accordé ce supplément, en le fixant à 150 francs seulement. Il faut d'ailleurs consulter, en ce qui concerne les règles relatives au binage, l'ordonnance du 3 mars 1825, p. 138 ci-dessus, et les articles 189 à 193 du règlement du 31 déc. 1841, p. 168, ci-après.

ORDONNANCE

CONCERNANT LE TRAITEMENT ET LES FRAIS D'ÉTABLISSEMENT
ALLOUÉS AUX ARCHEVÊQUES ET ÉVÊQUES.

4 septembre 1820. (IX, Bull. O. 1ʳᵉ section, CLII, n° 4112.)

Vu le décret du 18 août 1802 [1], qui avait déclaré que le traitement des archevêques et évêques leur serait payé du jour de leur nomination,

Considérant que cette disposition était une exception à la règle et à l'usage constamment pratiqués, qui sont que l'on n'a droit au traitement que du jour de l'entrée en fonctions; que nous avons déjà, par notre décision du 29 septembre 1819, fait cesser cette exception à l'égard d'un assez grand nombre d'archevêques et évêques, et qu'il convient de la détruire pour tous; voulant en même temps donner force de règle au simple usage, en vertu duquel, depuis 1802, les archevêques et évêques reçoivent une première fois, pour frais d'établissement, savoir : les archevêques, 15,000 fr. et les évêques, 10,000 fr. etc.

ART. 1ᵉʳ. Conformément à notre décision du 29 septembre 1819, les archevêques et évêques ne recevront leur traitement qu'à dater du jour de leur prise de possession.

2. Il continuera de leur être alloué des frais d'établissement, savoir: aux archevêques, la somme de 15,000 fr. aux évêques celle de 10,000 francs, mais une fois seule-

[1] Ou 30 thermidor an x; mais il n'existe, ni dans le Bulletin des lois, ni dans Duvergier, ni dans l'Almanach du Clergé de 1834, aucun décret à cette date sur cette matière.

ment, lorsqu'ils prendront possession d'un siége, et sans qu'ils puissent rien prétendre lorsqu'ils passeront d'un siége à un autre.

ORDONNANCE

QUI DÉTERMINE L'ÉPOQUE DE JOUISSANCE DU TRAITEMENT ALLOUÉ AUX TITULAIRES D'EMPLOIS ECCLÉSIASTIQUES.

13 mars 1832. (IX, Bull. O. 1re section, CLII, n° 4110.[1])

Vu l'ordonnance royale du 9 janvier 1816, qui porte que les vicaires généraux et chanoines, comme les curés et desservants, jouiront de leur traitement à partir de leur nomination par l'évêque diocésain;

Vu celle du 4 septembre 1820, d'après laquelle le traitement des archevêques et évêques date *du jour de leur prise de possession ;*

Considérant qu'aucune exception à cet égard, concernant les autres titres ecclésiastiques, ne saurait être justifiée, attendu que, pour tous, la résidence et les fonctions remplies sont les conditions exigées pour avoir droit au traitement, etc.

ART. 1er. Les vicaires généraux, chanoines et curés, dont la nomination aura été agréée par nous, jouiront du traitement attaché à leur titre, à dater du jour de leur prise de possession. Il sera dressé procès-verbal de cette prise de possession, savoir : pour les vicaires généraux et chanoines, par le chapitre; et, pour les curés, par le bureau des marguilliers.

---

[1] Cette ordonnance a été transmise aux préfets et aux évêques par une circulaire du ministre des cultes, du 2 avril 1832.

2. Le traitement des desservants et vicaires datera également du jour de leur installation, constatée par le bureau
des marguilliers.

3. Expédition de chaque procès-verbal de prise de possession sera aussitôt adressée à l'évêque diocésain et au préfet
du département, pour servir à la formation des états de
payement.

4. L'absence temporaire, et pour cause légitime, des
titulaires d'emplois ecclésiastiques, du lieu où ils sont tenus de résider, pourra être autorisée par l'évêque diocésain,
sans qu'il en résulte décompte pour le traitement, si l'absence ne doit pas excéder huit jours; passé ce délai et jusqu'à celui d'un mois, l'évêque notifiera le congé au préfet
et lui en fera connaître le motif. Si la durée de l'absence
pour cause de maladie ou autre doit se prolonger au delà
d'un mois, l'autorisation de notre ministre de l'instruction
publique et des cultes sera nécessaire.

5. Toutes les dispositions contraires à la présente ordonnance sont rapportées.

LOI

PORTANT FIXATION DU BUDGET DES DÉPENSES
DE L'EXERCICE 1833.

(Extrait.)

23 avril 1833.

Art. 8. Nul ecclésiastique salarié par l'état, lorsqu'il
n'exercera pas de fait dans la commune qui lui aura été désignée, ne pourra toucher son traitement [1].

---

[1] Voir l'article 168 du règlement du 31 déc. 1843, p. 163, ci-après.

RÈGLEMENT GÉNÉRAL

SUR LA COMPTABILITÉ DES CULTES.

(Extrait [1].)

31 décembre 1841.

TITRE X.

Art. 158. Les dépenses des cultes payées sur les ordonnances directes du ministre sont les suivantes :

1° Les traitements des cardinaux, archevêques et évêques ;

2° Les frais de visite diocésaines ;

3° Les indemnités pour frais d'établissement des cardinaux, archevêques et évêques ;

4° Les frais de bulles et d'informations ;

5° Les dépenses de personnel et de matériel du chapitre royal de Saint-Denis ;

6° Les secours ou indemnités accordés directement par le ministre à des ecclésiastiques et à d'anciennes religieuses demeurant à Paris ;

7° Les secours annuels accordés aux établissements de missions étrangères, et aux communautés de femmes enseignantes et hospitalières, à Paris ;

8° Les dépenses de personnel et de matériel des bureaux des cultes ;

9° Les indemnités temporaires sur le trésor, tenant lieu de pensions à d'anciens employés supprimés, et les subventions à la caisse des retraites.

[1] Voir la note 1, p. 43 ci-dessus.

159. Les dépenses des cultes mandatées par les préfets, sur les crédits de délégation que le ministre leur ouvre à cet effet, sont les suivantes :

Culte catholique.

1° Les traitements des vicaires généraux et chanoines ;

2° Les traitements des curés ;

3° Les traitements des desservants des succursales ;

4° Les indemnités ou secours aux vicaires de paroisses ;

5° Les indemnités aux desservants, aux curés ou aux vicaires des curés, pour binage dans les succursales vacantes ;

6° Les bourses et les fractions de bourses dans les séminaires ;

7° Les secours aux anciennes religieuses ;

8° Les secours à d'anciens vicaires généraux ;

9° Les secours aux curés et desservants forcés par l'âge ou les infirmités de cesser leurs fonctions ;

10° Les secours à des ecclésiastiques âgés ou infirmes, sans fonctions depuis le rétablissement du culte ;

11° Les secours à d'anciens membres de l'ordre religieux de Saint-Jean de Jérusalem ;

12° Les secours accidentels à des ecclésiastiques en activité de service ;

13° Les appointements des employés des bas-chœurs des cathédrales ;

14° Les autres dépenses de service intérieur pour les édifices diocésains, telles que loyers pour des évêchés et séminaires, acquisitions de mobilier pour les évêchés et les cathédrales, etc.

15° L'entretien des bâtiments des cathédrales, évêchés et séminaires;

16° Les acquisitions, constructions et travaux extraordinaires concernant les mêmes édifices;

17° Les secours pour contribuer à l'acquisition, aux constructions ou aux réparations des églises et presbytères;

18° Les secours annuels accordés à des communautés de femmes enseignantes ou hospitalières dans les départements;

Cultes protestants.

19° Les traitements des pasteurs;

20° Les bourses et fractions de bourses dans les séminaires;

21° Les indemnités et secours à des pasteurs ou à leurs veuves;

22° Les secours pour contribuer aux travaux des édifices des cultes protestants;

23° Les frais d'administration du directoire général de la confession d'Augsbourg;

Culte israélite.

24° Les traitements des rabbins et des ministres officiants;

25° Les dépenses de l'école centrale rabbinique;

26° Les frais d'administration des consistoires;

27° Les secours pour contribuer aux travaux des temples;

28° Les secours accordés à des rabbins ou ministres officiants.

160. La plupart des dépenses des cultes, savoir : les traitements ou indemnités pour fonctions exercées, et les rétributions fixes et annuelles, s'acquittent par trimestre.

161. Les fonds sont ordonnancés tous les trois mois pour dépenses périodiques dans les départements, d'après les besoins présumés, et de manière à être réalisés pour le payement de ces dépenses à leur échéance. Si les fonds excèdent les besoins du trimestre, l'excédant est employé aux dépenses du trimestre suivant. Les fonds nécessaires pour le dernier trimestre de chaque année ne sont ordonnancés que d'après les renseignements des préfets sur la quotité qu'ils présument se rapprocher le plus possible des besoins réels.

162. A l'égard des dépenses non périodiques, telles que les travaux des édifices des divers cultes, les acquisitions qui s'y rattachent, celles de mobilier pour les évêchés et d'ornements pour les cathédrales, les secours aux communes pour contribuer aux réparations des églises et presbytères, les secours individuels aux divers ministres des cultes, les fonds sont ordonnancés au fur et à mesure des allocations ou selon l'avancement des travaux.

163. Dans le payement des traitements ou indemnités périodiques, la valeur de chaque mois est comptée pour le douzième juste de l'année et celle de chaque jour pour le trentième du mois. La durée plus ou moins longue d'un mois n'est pas prise en considération.

164. Le jour de la prise de possession ou de l'installation des fonctionnaires, doit toujours leur être compté, ainsi que celui du décès ou de la cessation des fonctions.

165. En cas de démission, si le démissionnaire a continué l'exercice de ses fonctions en attendant l'installation

de son successeur, il est réputé avoir continué d'exercer par suite de son ancien titre, et, en conséquence, il continue d'être payé jusqu'au jour de la cessation de ses fonctions.

166. Les traitements et rétributions attachés aux emplois ne sont payables qu'à ceux qui sont titulaires de ces emplois.

167. Les préfets dressent, à chaque trimestre, deux états séparés des sommes à payer pour traitements et indemnités fixes des membres du clergé catholique et des ministres des cultes non catholiques. Le montant de ces états, auxquels viennent se rattacher les mandats individuels délivrés aux parties prenantes, doit être réciproquement conforme au total de ceux-ci.

Les états du premier trimestre de chaque année contiennent en détail les diverses parties prenantes, et les sommes à payer à chacune d'elles.

Les états des trois autres trimestres peuvent être dressés suivant les modèles nᵒˢ 40 et 42, qui ne contiennent de détails que pour les articles non conformes aux états du premier trimestre, avec renvoi à ces états pour tous les articles qui n'ont subi aucune modification.

168. L'absence temporaire, et pour cause légitime, des titulaires d'emplois des divers cultes, du lieu où ils sont tenus de résider, pourra être autorisée par l'évêque diocésain pour le culte catholique, et par les consistoires pour les cultes non catholiques, sans qu'il en résulte décompte pour le traitement, si l'absence ne doit pas excéder huit jours; passé ce délai, et jusqu'à celui d'un mois, l'évêque ou les consistoires notifieront le congé au préfet et lui en feront connaître le motif. Si la durée de l'absence, pour

cause de maladie ou autre, doit se prolonger au delà
d'un mois, l'autorisation du ministre des cultes sera nécessaire.

Dépenses des cardinaux, archevêques et évêques.

169. Les archevêques et les évêques touchent leur traitement à compter du jour de leur prise de possession. (*Ordonnance du 4 septembre 1820.*) La pension ecclésiastique
dont jouissent quelques-uns d'entre eux en est déduite.

Le supplément accordé aux archevêques ou évêques revêtus de la dignité de cardinal est payé à compter du jour
de la remise qui leur est faite de la barrette.

170. Les indemnités allouées aux archevêques ou aux
évêques pour visites diocésaines sont ordonnancées sur l'a-
vis donné par eux au ministre qu'ils sont en tournée ou
que les visites sont terminées.

171. Les frais d'établissement des archevêques et des
évêques ne sont alloués que sur des décisions royales.

Chapitre royal de Saint-Denis.

172. Les chanoines-évêques du chapitre royal de Saint-
Denis sont payés à compter de la date de leur nomination
par le Roi.

Les chanoines de second ordre sont payés à compter de
leur prise de possession.

Expédition du procès-verbal de la prise de possession
est adressée par le doyen du chapitre au ministre des
cultes.

Les pensions dont peuvent jouir les chanoines-évêques
ou ceux du second ordre sont imputées sur leur traitement.

Membres des chapitres et du clergé paroissial.

173. Les vicaires généraux et chanoines touchent leur traitement à dater du jour de leur prise de possession. Expédition du procès-verbal de la prise de possession, dressé par le chapitre, est adressée au préfet. (*Art. 1er et 3 de l'ordonnance du 13 mars 1832.*)

Cette prise de possession doit toujours être postérieure à l'agrément donné par le Roi à la nomination.

Néanmoins, les vicaires capitulaires chargés de l'administration des diocèses, pendant la vacance des siéges, touchent leur traitement à dater du jour où ils ont été élus par le chapitre, mais après l'agrément donné par le Roi à leur nomination. (*Avis du conseil d'état du 3 décembre 1840.*)

174. Un des trois vicaires généraux dans les archevêchés reçoit un traitement plus élevé que celui des deux autres; la seule désignation qui en est faite par l'archevêque à l'ordonnateur de la dépense suffit pour l'ordonnancement.

175. Dans le cas de réunion de la cure au chapitre, le chanoine archiprêtre est payé, à son choix, du traitement de chanoine ou de celui de curé.

176. Les pensions des vicaires généraux et chanoines peuvent se cumuler avec leur traitement, pourvu que le traitement et la pension ne s'élèvent pas ensemble à plus de 2,500 francs. (*Art. 12 de la loi du 15 mai 1818.*)

177. Les traitements des curés sont divisés en deux classes.

La première classe comprend les curés des communes de 5,000 âmes et au-dessus, en nombre égal à celui des justices de paix établies dans les mêmes communes, ainsi que les curés des chefs-lieux de préfecture. (*Arrêté du 27 brumaire an xi et ordonnance du 6 avril 1832.*)

La seconde classe comprend les curés de toutes les autres communes érigées en cures par des décrets ou ordonnances.

178. Les curés touchent leur traitement à compter du jour de leur prise de possession. Expédition du procès-verbal de la prise de possession, dressé par le bureau des marguilliers, est adressée au préfet. (*Art 1er et 3 de l'ordonnance du 13 mars 1832.*)

La date de cette prise de possession doit toujours être postérieure à celle de l'agrément donné par le Roi à la nomination.

179. Le traitement de la première classe est quelquefois accordé par ordonnance du Roi, conformément à l'article 2 de l'arrêté du 27 brumaire an xi, à des curés de seconde classe qui se sont distingués dans leurs fonctions; cette récompense est toujours personnelle; la translation d'un curé qui en jouit dans une autre cure ne la lui fait pas perdre.

180. Les pensions ecclésiastiques dont jouissent quelques curés sont déduites de leur traitement; à l'âge de 70 ans accomplis, ils peuvent cumuler le traitement et la pension jusqu'à concurrence de 2,500 francs. (*Art. 3 de l'arrêté du 27 brumaire an xi; art. 12 de la loi du 15 mai 1818.*) Pour obtenir ce cumul, les curés doivent justifier de l'âge de 70 ans accomplis, par la production de leur acte de naissance.

181. Au même âge de 70 ans accomplis, justifié par l'acte de naissance, un supplément de 100 francs par année est payé aux curés non pensionnés.

182. Les desservants touchent leur traitement à compter

du jour de leur installation. Expédition du procès-verbal de l'installation, dressé par le bureau des marguilliers, est adressée au préfet. (Art. 2 et 3 de l'ordonnance du 13 mars 1832.)

183. Les pensions ecclésiastiques sont déduites du traitement des desservants, quel que soit leur âge.

184. Les desservants reçoivent un supplément de 100 fr. par an à l'âge de 60 ans accomplis, et un nouveau supplément de la même somme à l'âge de 70 ans accomplis. Pour obtenir ces suppléments, les desservants doivent justifier de leur âge par la production de leur acte de naissance.

185. Une indemnité peut être accordée par décision ministérielle aux vicaires régulièrement établis dans les communes, autres que celles de grande population. (Ordonnance du 5 juin 1816.)

186. Cette indemnité peut être payée aux vicaires, qui, à raison de l'étendue des paroisses, sont placés dans une autre commune que celle du chef-lieu paroissial. (Ordonnance du 25 août 1819.)

187. L'indemnité des vicaires n'est assujettie à aucune retenue de pension : elle est également indépendante du traitement que les fabriques ou les communes doivent faire aux vicaires, suivant l'article 40 du décret du 30 décembre 1809.

188. L'indemnité est payée par trimestre et à compter de la date de l'installation. L'expédition du procès-verbal de l'installation, dressé par le bureau des marguilliers, est adressée au préfet. (Art. 2 et 3 de l'ordonnance du 13 mars 1832.) Cependant, si l'installation d'un vicaire est antérieure à la décision du ministre qui alloue l'indemnité, cette in-

demnité n'est payable qu'à compter de la date de la décision du ministre.

189. Une indemnité, fixée jusqu'à ce jour à 200 francs par an, est accordée aux desservants, aux curés et aux vicaires de ces derniers seulement, pour le binage ou double service qu'ils exercent dans des succursales vacantes, c'est-à-dire pendant le temps où aucun titulaire n'en reçoit le traitement[1].

190. L'indemnité du binage n'est acquise qu'autant que les ecclésiastiques désignés par l'article précédent ont réellement desservi la paroisse, légalement érigée en succursale, en y disant la messe le dimanche, ou tout autre jour de la semaine, suivant que l'évêque diocésain l'a ordonné, en y allant faire des instructions, en visitant les malades et en y administrant les sacrements.

191. Des certificats sur la durée et la réalité du binage ou double service sont délivrés par les curés ou desservants du canton que les évêques ont chargés spécialement de ce soin, et remis aux préfets par les évêques pour être joints aux mandats de payement.

192. Un même ecclésiastique autorisé à biner ne peut avoir droit à une double indemnité, lors même qu'il ferait ce service dans deux succursales vacantes.

193. Un ecclésiastique bine quelquefois dans un autre département que celui où il exerce comme desservant, curé ou vicaire de curé; les deux départements peuvent même dépendre de deux diocèses; c'est le préfet du département où le service du binage est effectué, qui délivre le mandat de payement de l'indemnité.

[1] Voir l'ordonnance du 6 novembre 1814, p. 155 ci-dessus.

SECTION XII.

DISPOSITIONS COMMUNES AUX DIVERS ÉTABLIS-
SEMENTS ECCLÉSIASTIQUES [1].

AVIS DU CONSEIL D'ÉTAT

SUR LE MODE DE REMBOURSEMENT DES RENTES ET CRÉANCES
DES COMMUNES, FABRIQUES ET AUTRES ÉTABLISSEMENTS.

21 décembre 1808. (IV, Bull. 221, n° 4034.)

Le conseil d'état, qui, d'après le renvoi ordonné par Sa
Majesté, a entendu le rapport de la section de l'intérieur

[1] Ces dispositions sont relatives aux dons et legs, aux remboursements, aux acquisitions et aux baux de biens ruraux. Elles s'appliquent
aussi, pour la plupart, aux cultes non catholiques; elles sont rattachées
ici au culte catholique, afin de ne pas multiplier les divisions.

Pour ce qui concerne les remboursements et placements, voir l'avis
du conseil d'état, du 21 décembre 1808, et l'article 1er de l'ordonnance
du 14 janvier 1831, p. 169 et 176.

Pour les acquisitions, voir la loi du 2 janvier 1817, et l'article 2 de
l'ordonnance du 14 janvier 1831, p. 171 et 176.

Pour les baux de biens ruraux, voir la loi du 25 mai 1835, p. 178.

Pour les dons et legs, voir la loi du 2 janvier 1817, les ordonnances
des 2 avril 1817, 7 mai 1826, et 14 janvier 1831, p. 171, 175, et 176; les
articles 29, 59 et 113 du décret du 30 décembre 1809, et l'ordonnance
du 19 janvier 1820, p. 81 et 144. Quant aux dons et legs faits aux établissements ecclésiastiques ou autres dans les colonies, il faut voir l'ordonnance du 30 septembre 1827.

Pour l'administration des bois des fabriques et autres établissements
ecclésiastiques, voir le titre VI du Code forestier et le titre V de l'ordonnance du 1er août 1827.

Pour les travaux et fournitures relatifs aux services des cultes, voir
les articles 26 et suivants du règlement du 31 décembre 1841, p. 180.

sur celui du ministre de ce département, relatif à la question de savoir en vertu de quelle autorisation le remboursement des rentes et créances des communes et fabriques peut avoir lieu,

Est d'avis:

1° Que le remboursement des capitaux dus aux hospices, communes et fabriques, et autres établissements dont les propriétés sont administrées et régies sous la surveillance du Gouvernement, peut toujours avoir lieu quand les débiteurs se présentent pour se libérer; mais qu'ils doivent avertir les administrateurs un mois d'avance, pour que ceux-ci avisent, pendant ce temps, aux moyens de placement, et requièrent les autorisations nécessaires de l'autorité supérieure;

2° Que l'emploi des capitaux en rentes sur l'état n'a pas besoin d'être autorisé, et l'est de droit par la règle générale déjà établie [1];

3° Que l'emploi en biens-fonds, ou de toute autre manière, doit être autorisé par un décret rendu en conseil d'état, sur l'avis du ministre de l'intérieur pour les communes et hospices, et du même ministre ou de celui des cultes pour les fabriques [2].

---

[1] Cette disposition avait été modifiée par le décret du 16 juillet 1810 (art. 1er, 2 et 3), qui exigeait, selon l'importance des sommes, l'autorisation du préfet, du ministre, ou de l'empereur, pour le placement des capitaux remboursés en rentes sur l'état ou sur particuliers. L'article 1er de l'ordonnance du 14 janvier 1831 a exigé, dans tous les cas, l'autorisation royale.

Deux circulaires du ministre de l'intérieur, des 12 mai 1819 et 8 février 1823, ont signalé aux établissements publics les avantages du placement de leurs fonds en rentes sur l'état, et les inconvénients des placements sur particuliers.

[2] Cette règle a été maintenue par l'article 4 du décret du 16 juillet 1810, et par l'article 2 de la loi du 2 janvier 1817.

LOI

SUR LES DONATIONS ET LEGS AUX ÉTABLISSEMENTS ECCLÉSIASTIQUES [1].

2 janvier 1817.

ART. 1er. Tout établissement ecclésiastique reconnu par la loi pourra accepter, avec l'autorisation du Roi, tous les biens meublés, immeubles, ou rentes, qui lui seront donnés par actes entre vifs ou par actes de dernière volonté.

2. Tout établissement ecclésiastique reconnu par la loi pourra également, avec l'autorisation du Roi, acquérir des biens immeubles ou des rentes.

3. Les immeubles ou rentes appartenant à un établissement ecclésiastique seront possédés à perpétuité par ledit établissement, et seront inaliénables, à moins que l'aliénation n'en soit autorisée par le Roi.

ORDONNANCE

RELATIVE À L'ACCEPTATION ET À L'EMPLOI DES DONS ET LEGS FAITS AUX ÉTABLISSEMENTS ECCLÉSIASTIQUES ET AUTRES.

2 avril 1817. (VII, Bull. 151, n° 1995.)

ART. 1er. Conformément à l'article 910 du Code civil et à la loi du 2 janvier 1817, les dispositions entre vifs ou par testament, de biens meubles et immeubles, au profit des

[1] Il est utile de consulter, pour l'exécution de cette loi, la circulaire du ministre de l'intérieur, du 16 avril 1817.

églises, des archevêchés et évêchés, des chapitres, des grands et petits séminaires, des cures et des succursales, des fabriques, des pauvres, des hospices, des collèges, des communes, et en général de tout établissement d'utilité publique et de toute association religieuse reconnus par la loi, ne pourront être acceptés qu'après avoir été autorisés par nous, le conseil d'état entendu, et sur l'avis préalable de nos préfets et de nos évêques, suivant les divers cas. L'acceptation des dons ou legs en argent ou objets mobiliers n'excédant pas trois cents francs sera autorisée par les préfets [1].

2. L'autorisation ne sera accordée qu'après l'approbation provisoire de l'évêque diocésain, s'il y a charge de services religieux [2].

3. L'acceptation desdits legs ou dons, ainsi autorisée, sera faite :

Par les évêques, lorsque les dons ou legs auront pour

---

[1] L'article 48 de la loi du 18 juillet 1837 permet aux préfets d'autoriser l'acceptation des dons ou legs faits à la commune ou aux établissements communaux, lorsque leur valeur est inférieure à 3,000 fr. et qu'il n'y a pas de réclamation.

Du reste, une circulaire du ministre des cultes, du 14 septembre 1839, porte que la faculté accordée aux préfets, par l'article 1er de l'ordonnance du 2 avril 1817, de statuer sur les libéralités en argent ou objets mobiliers n'excédant pas 300 francs, ne doit pas les dispenser de transmettre au Gouvernement les dossiers concernant de semblables libéralités, lorsqu'elles se trouvent comprises dans un testament avec d'autres dispositions de même nature; qu'on a eu des exemples de sommes considérables qui ont été ainsi réparties entre une multitude d'établissements appartenant même à plusieurs départements; qu'il fallait donc que le Gouvernement pût apprécier l'ensemble de semblables dispositions.

[2] Voir l'article 29 du décret du 30 décembre 1809, p. 88.

objet leur évêché, leur cathédrale, ou leurs séminaires[1];

Par les doyens des chapitres, si les dispositions sont faites au profit des chapitres;

Par le curé ou desservant, lorsqu'il s'agira de legs ou dons faits à la cure ou succursale, ou pour la subsistance des ecclésiastiques employés à la desservir;

Par les trésoriers des fabriques, lorsque les donateurs ou testateurs auront disposé en faveur des fabriques, ou pour l'entretien des églises et le service divin[2];

Par le supérieur des associations religieuses, lorsqu'il s'agira de libéralités faites au profit de ces associations; —

Par les consistoires, lorsqu'il s'agira de legs faits pour la dotation des pasteurs ou pour l'entretien des temples;

Par les administrateurs des hospices, bureaux de charité et de bienfaisance, lorsqu'il s'agira de libéralités en faveur des hôpitaux et autres établissements de bienfaisance;

Par les administrateurs des colléges, quand les dons ou legs auront pour objet les colléges, ou des fondations de bourses pour les étudiants, ou des chaires nouvelles;

Par les maires des communes, lorsque les dons ou legs seront faits au profit de la généralité des habitants, ou pour le soulagement et l'instruction des pauvres de la commune;

Et enfin par les administrateurs de tous les autres établissements d'utilité publique légalement constitués, pour tout ce qui sera donné ou légué à ces établissements[3].

[1] C'était déjà la disposition de l'article 113 du décret du 3o décembre 1809, p. 34. (Voir aussi l'ordonnance du 10 juin 1814, que celle de 1817 a refondue et complétée.)

[2] Voir, pour les dons et legs faits aux chapelles et aux annexes, l'ordonnance du 19 janvier 1820, p. 144.

[3] Une circulaire du ministre des cultes, du 15 juillet 1838, trans-

4. Les ordonnances et arrêtés d'autorisation détermine-
ront, pour le plus grand bien des établissements, l'emploi
des sommes données, et prescriront la conservation ou la
vente des effets mobiliers lorsque le testateur, ou le donateur auront omis d'y pourvoir.

5. Tout notaire dépositaire d'un testament contenant un
legs au profit de l'un des établissements ou titulaires mentionnés ci-dessus, sera tenu de leur en donner avis lors de
l'ouverture ou publication du testament [1]. En attendant
l'acceptation, le chef de l'établissement ou le titulaire fera
tous les actes conservatoires qui seront jugés nécessaires.

6. Ne sont point assujettis à la nécessité de l'autorisation
les acquisitions et emplois en rentes constituées sur l'état
ou les villes, que les établissements ci-dessus désignés pourront acquérir dans les formes ordinaires de leurs actes
d'administration [2]. Les rentes ainsi acquises seront immobi-
lisées, et ne pourront être aliénées sans autorisation.

7. L'autorisation pour l'acceptation ne fera aucun obs-
tacle à ce que les tiers intéressés se pourvoient, par les voies
de droit, contre les dispositions dont l'acceptation aura été
autorisée.

mettant aux préfets et aux évêques un avis du conseil d'état, du 30 mai
précédent, leur a fait connaître les mesures qu'il pouvait être convenable de prendre pour assurer l'exécution des services religieux, imposés
comme charges de legs faits à des établissements non ecclésiastiques.

[1] Voir l'article 58 du décret du 30 décembre 1809, et l'article 67 du
décret du 6 novembre 1813, p. 97 et 52.

[2] Cet article a été rapporté, quant aux établissements ecclésiastiques,
par l'article 1er de l'ordonnance du 14 janvier 1831, p. 176 ci-après.

———————

ORDONNANCE

QUI DÉTERMINE PAR QUI DEVRONT ÊTRE ACCEPTÉES LES
DONATIONS FAITES AUX ÉTABLISSEMENTS ECCLÉSIASTIQUES
LORSQUE LES PERSONNES DÉSIGNÉES PAR L'ORDONNANCE DU
2 AVRIL 1817 SERONT ELLES-MÊMES DONATRICES.

7 mai 1826. (VIII, Bull. 119, n° 3921.)

ART. 1er. A l'avenir, lorsque la personne désignée, en la
qualité qu'elle exerce, par l'ordonnance du 2 avril 1817,
pour accepter, avec notre autorisation, les donations faites
aux établissements ecclésiastiques, sera elle-même donatrice, elle sera remplacée, pour la formalité de l'acceptation, savoir :

L'évêque, par le premier vicaire général, si la donation
concerne l'évêché; par le supérieur du séminaire, s'il s'agit
d'une libéralité au profit de cet établissement, et par le trésorier de la fabrique cathédrale, si la donation a pour objet
ladite cathédrale;

Le doyen du chapitre, par le plus ancien chanoine après
lui;

Le curé et le desservant, par le trésorier de la fabrique;

Le trésorier, par le président;

Le supérieur, par l'ecclésiastique destiné à le suppléer en
cas d'absence;

Et la supérieure, par la religieuse qui vient immédiatement après elle dans le gouvernement de la congrégation ou
communauté.

2. L'ordonnance du 2 avril 1817 est maintenue en tout
ce qui n'est point contraire à la présente ordonnance.

ORDONNANCE

RELATIVE AUX DONATIONS ET LEGS, ACQUISITIONS ET ALIÉ-
NATIONS CONCERNANT LES ÉTABLISSEMENTS ECCLÉSIASTIQUES
ET LES COMMUNAUTÉS RELIGIEUSES DE FEMMES.

14 janvier 1831. (IX, Bull. O, 39, n° 971 [1].)

Vu les lois des 2 janvier 1817 et 24 mai 1825, relatives aux donations et legs, acquisitions et aliénations de biens meubles, immeubles et rentes, concernant les établissements ecclésiastiques et les communautés religieuses de femmes;

Voulant remédier aux abus qui ont lieu par défaut d'exécution ou par fausse interprétation de ces lois;

Notre conseil d'état entendu, etc.

ART. Ier. L'article 6 de l'ordonnance royale du 2 avril 1817 est rapporté. En conséquence, aucun transfert ni inscription de rentes sur l'état, au profit d'un établissement ecclésiastique ou d'une communauté religieuse de femmes, ne sera effectué qu'autant qu'il aura été autorisé par une ordonnance royale, dont l'établissement intéressé présentera, par l'intermédiaire de son agent de change, expédition en due forme au directeur du grand-livre de la dette publique.

2. Aucun notaire ne pourra passer acte de vente, d'acquisition, d'échange, de cession ou transport, de constitution de rente, de transaction, au nom desdits établissements, s'il n'est justifié de l'ordonnance royale portant autorisation de l'acte, et qui devra y être entièrement insérée.

[1] Voir la circulaire ministérielle du 29 janvier 1831, relative à l'exécution de cette ordonnance.

3. Nulle acceptation de legs au profit des mêmes établissements ne sera présentée à notre autorisation sans que les héritiers connus du testateur aient été appelés par acte extra-judiciaire pour prendre connaissance du testament, donner leur consentement à son exécution, ou produire leurs moyens d'opposition. S'il n'y a pas d'héritiers connus, extrait du testament sera affiché de huitaine en huitaine, et à trois reprises consécutives, au chef-lieu de la mairie du domicile du testateur, et inséré dans le journal judiciaire du département, avec invitation aux héritiers d'adresser au préfet, dans le même délai, les réclamations qu'ils auraient à présenter [1].

4. Ne pourront être présentées à notre autorisation les donations qui seraient faites à des établissements ecclésiastiques ou religieux, avec réserve d'usufruit en faveur du donateur.

5. L'état de l'actif et du passif, ainsi que des revenus et charges des établissements légataires ou donataires, vérifié et certifié par le préfet, sera produit à l'appui de leur demande en autorisation d'accepter les dons ou legs qui leur seraient faits [2].

6. Les dispositions de la présente ordonnance sont appli-

[1] Une circulaire ministérielle du 14 septembre 1839 porte que les interpellations, prescrites par cet article, doivent avoir lieu lors même qu'il y a un légataire universel institué, parce que les héritiers peuvent avoir l'intention d'attaquer le testament, et que cette circonstance pourrait influer sur la détermination du Gouvernement.

[2] La circulaire précitée porte que l'état de l'actif et du passif, exigé par cet article, ne saurait être autre chose, pour les fabriques, que leur budget annuel, et, pour les séminaires, que le compte qu'ils doivent produire chaque année, en exécution de l'article 79 du décret du 6 novembre 1813.

cables aux autorisations à donner par le préfet, en vertu du dernier paragraphe de l'article 1er de l'ordonnance du 2 avril 1817.

LOI

RELATIVE AUX BAUX DES BIENS RURAUX DES COMMUNES ET ÉTABLISSEMENTS PUBLICS.

25 mai 1835.

Article unique. Les communes, hospices et tous autres établissements publics pourront affermer leurs biens ruraux pour dix-huit années et au-dessous, sans autres formalités que celles prescrites pour les baux de neuf années [1].

[1] Voir les articles 9, 29, 57 et 69 du décret du 6 novembre 1813, pour les baux des biens des cures, des menses épiscopales, des chapitres et des séminaires, et les articles 60 et 62 du décret du 30 décembre 1809, pour les baux des biens des fabriques.

RÈGLEMENT

SUR LA COMPTABILITÉ DES CULTES.

(Extrait [1].)

31 décembre 1841.

TITRE II.

De l'exécution des services.

ART. 22. Aucun service n'est exécuté que sur des décisions préalables du ministre, à moins que la dépense ne résulte des prescriptions des lois, décrets ou ordonnances, comme celle des traitements, bourses des séminaires, secours annuels et périodiques à quelques établissements.

23. L'exécution des services est faite, soit par l'administration centrale, soit par les préfets, sur les instructions qu'ils reçoivent de l'administration, et dont le présent règlement et la nomenclature des pièces justificatives qui le suit rappellent sommairement les dispositions en ce qui se rapporte plus spécialement à la comptabilité.

24. Les préfets reçoivent successivement des états de crédits, dressés par la division de comptabilité des cultes, qui contiennent en détail l'indication de toutes les dépenses qu'ils ont à mandater. Ces états rappellent, quand il y a lieu, les décisions qui servent de base aux dépenses.

Ils indiquent les chapitres du budget qui doivent en supporter l'imputation.

Les crédits n'y sont portés que par évaluation à l'égard

---

[1] Voir la note 1, p. 43 ci-dessus.

des dépenses dont le montant, comme pour les traitements, par exemple, ne peut être exactement connu qu'en fin d'année, d'après la durée des fonctions.

Les crédits y sont limitatifs pour les dépenses de la nature des travaux, des secours, etc.

Si quelque circonstance donne lieu de réduire des crédits accordés, les préfets reçoivent des états de réduction suivant le modèle n° 4.

25. Toute dépense faite au delà du crédit limitatif qui lui a été assigné, demeure à la charge de celui qui l'a ordonnée, à moins d'une décision particulière du ministre, motivée sur des circonstances urgentes et spéciales.

26. Tous les marchés pour les services des cultes sont passés avec concurrence et publicité, sauf les exceptions mentionnées en l'article suivant. (*Article 45 de l'ordonnance du 31 mai 1838.*)

27. Il peut être traité de gré à gré :

1° Pour les fournitures, transports et travaux dont la dépense totale n'excède pas 10,000 fr. ou, s'il s'agit d'un marché passé pour plusieurs années, dont la dépense annuelle n'excède pas 3,000 fr.

2° Pour les objets dont la fabrication est exclusivement attribuée à des porteurs de brevets d'invention ou d'importation;

3° Pour les objets qui n'auraient qu'un possesseur unique;

4° Pour les ouvrages et les objets d'art et de précision, dont l'exécution ne peut être confiée qu'à des artistes éprouvés;

5° Pour les exploitations, fabrications et fournitures qui ne sont faites qu'à titre d'essai;

6° Pour les matières et denrées, qui, en raison de leur nature particulière et de la spécialité de l'emploi auquel elles sont destinées, sont achetées et choisies aux lieux de production, ou livrées sans intermédiaire par les producteurs eux-mêmes;

7° Pour les fournitures, transports ou travaux qui n'ont été l'objet d'aucune offre aux adjudications, ou à l'égard desquels il n'a été proposé que des prix inacceptables; toutefois, lorsque l'administration a cru devoir arrêter et faire connaître un maximum de prix, elle ne doit pas dépasser ce maximum;

8° Pour les fournitures, transports et travaux, qui, dans le cas d'urgence évidente amenée par des circonstances imprévues, ne peuvent pas subir les délais de l'adjudication. (*Article 46 de l'ordonnance du 31 mai 1838.*)

28. Les adjudications publiques relatives à des fournitures ou à des travaux qui ne peuvent être livrés sans inconvénient à une concurrence illimitée, sont soumises à des restrictions qui n'admettent à concourir que des personnes préalablement reconnues capables par l'administration, et produisant les titres justificatifs exigés par les cahiers des charges. (*Article 47 de l'ordonnance du 31 mai 1838.*)

29. Les cahiers des charges déterminent, indépendamment des obligations de service imposées aux fournisseurs ou entrepreneurs, la nature et l'importance des garanties qu'ils doivent produire, soit pour être admis aux adjudications, soit pour répondre de l'exécution de leurs engagements. Ils déterminent aussi l'action que l'administration aura sur ces garanties, en cas d'inexécution de ces engagements. (*Art. 49 de l'ordonnance du 31 mai 1838.*)

30. L'avis des adjudications à passer est publié, sauf les cas d'urgence, un mois à l'avance, par la voie des affiches et par tous les moyens ordinaires de publicité. Cet avis fait connaître : 1° le lieu où l'on pourra prendre connaissance du cahier des charges ; 2° les autorités chargées de procéder à l'adjudication ; 3° le lieu, le jour et l'heure fixés pour l'adjudication. (*Article 50 de l'ordonnance du 31 mai 1838.*)

31. Les soumissions sont remises cachetées, en séance publique. Lorsqu'un maximum de prix ou un minimum de rabais a été arrêté d'avance par le ministre ou par le fonctionnaire qu'il a délégué, ce maximum ou ce minimum est déposé cacheté sur le bureau, à l'ouverture de la séance. (*Article 51 de l'ordonnance du 31 mai 1838.*)

32. Toutes les fois que le cahier des charges n'exclut pas les enchères ou rabais au-dessous d'un centime, le minimum de prix ou le maximum de rabais doit, sans exception, être exprimé dans les soumissions, sous le rapport fractionnaire, en fractions décimales dérivant directement du franc, unité monétaire, c'est-à-dire en centimes et en millimes. Il doit, en outre, être répété en toutes lettres.

33. Dans le cas où plusieurs soumissionnaires offriraient le même prix, et où ce prix serait le plus bas de ceux portés dans les soumissions, il serait procédé, séance tenante, à une réadjudication, soit sur de nouvelles soumissions, soit à l'extinction des feux entre ces soumissionnaires seulement. (*Article 52 de l'ordonnance du 31 mai 1838.*)

34. Lorsque, d'après le dépouillement des soumissions déposées, il ne s'en trouve aucune dans la limite du maximum de prix ou du minimum de rabais, il peut être procédé, séance tenante, à une nouvelle adjudication entre les soumissionnaires présents, qui, pour cet effet, sont ad-

mis à proposer par écrit des rabais sur leur première soumission.

35. Les résultats de chaque adjudication sont constatés par un procès-verbal relatant toutes les circonstances de l'opération. (*Art. 53 de l'ordonnance du 31 mai 1838.*) Ce procès-verbal, rédigé sur papier timbré, est enregistré sur minute, à la diligence de l'administration. Les droits d'enregistrement perçus au taux fixe d'un franc, pour chaque fournisseur non associé, et d'un franc pour chaque caution ou cautionnement, décime en sus, les frais de timbre, d'affiches et d'insertion aux feuilles publiques, sont à la charge de l'adjudicataire.

36. Il est fixé par le cahier des charges, lorsque le ministre le juge nécessaire, un délai pour recevoir les offres de rabais sur le prix de l'adjudication. Si, pendant ce délai, qui ne doit pas dépasser trente jours, il est fait une ou plusieurs offres de rabais d'au moins dix pour cent chacune, il est procédé à une réadjudication entre le premier adjudicataire et l'auteur ou les auteurs des offres de rabais, pourvu que ces derniers aient, préalablement à leurs offres, satisfait aux conditions imposées par le cahier des charges pour pouvoir se présenter aux adjudications. (*Article 54 de l'ordonnance du 31 mai 1838.*)

37. Les adjudications et réadjudications sont toujours subordonnées à l'approbation du ministre, et ne sont valables et définitives qu'après cette approbation, sauf les exceptions spécialement autorisées et relatées dans le cahier des charges. (*Article 55 de l'ordonnance du 31 mai 1838.*)

38. Les marchés de gré à gré sont passés par le ministre ou par les fonctionnaires qu'il délègue à cet effet.

Ils ont lieu : 1° soit sur un engagement souscrit à la

suite du cahier des charges, 2° soit sur soumission souscrite par celui qui propose de traiter, 3° soit sur correspondance, suivant l'usage du commerce.

Il peut y être suppléé par des achats faits sur simple
facture pour les objets qui sont livrés immédiatement, et
dont la valeur n'excède pas 500 fr.

Les marchés de gré à gré, passés par les délégués du
ministre, et les achats qu'ils font, sont toujours subor-
donnés à son approbation, à moins, soit de nécessité résultant de force majeure, soit d'une autorisation spéciale
ou dérivant des règlements, circonstances qui sont relatées dans lesdits marchés ou dans les décisions approba-
tives des achats. (*Article 56 de l'ordonnance du 31 mai
1838.*)

Les marchés de gré à gré sont soumis au timbre et à
l'enregistrement, dont les frais sont à la charge des soumissionnaires.

39. Les dispositions précédentes ne sont point applicables aux travaux que l'administration est dans la nécessité
d'exécuter à la régie ou en journée. (*Article 57 de l'ordonnance
du 31 mai 1838.*)

40. Aucune stipulation d'intérêts ou commission de
banque ne peut être consentie au profit d'un entrepreneur
ou fournisseur, à raison d'emprunts temporaires ou d'a-
vances de fonds pour l'exécution du service dans l'intérieur du royaume. (*Article 41 de l'ordonnance du 31 mai 1838.*)
Toutefois, cette disposition n'exclut pas les allocations de
frais et d'indemnités pour des dépenses non prévues dans
les devis, et non susceptibles d'être directement acquittées
par l'administration.

41. Aucun marché, aucune convention pour travaux

ou fournitures ne doit stipuler d'à-compte que pour un service fait. Les à-compte ne doivent, dans aucun cas, excéder les cinq sixièmes des droits constatés conformément aux dispositions du titre III ci-après. (*Art. 42 de l'ordonnance du 31 mai 1838.*)

. . . .

210. Les secours accordés aux communes pour acquisitions, constructions ou réparations des églises et des presbytères, entrent dans la comptabilité spéciale des communes, et sont imputables à l'exercice auquel se rattachent les besoins qui ont motivé les secours. Les acquisitions doivent être faites, et les travaux au moins en cours d'exécution pour que les secours soient acquittés [1].

211. Les secours annuels accordés à divers établissements religieux sont payables par trimestre; ils entrent dans la comptabilité spéciale de ces établissements.

[1] Voir une circulaire du 29 juin 1841, qui retrace les règles admises par l'administration des cultes pour accorder des secours de cette nature aux communes.

SECTION XIII.

INHUMATIONS [1].

DÉCRET

SUR LES SÉPULTURES.

23 prairial an XII. (IV, Bull. 5, n° 25.)

TITRE Ier.

Des sépultures et des lieux qui leur sont consacrés.

ART. 1er. Aucune inhumation n'aura lieu dans les églises, temples, synagogues, hôpitaux, chapelles publiques, et généralement dans aucun des édifices clos et fermés où les

---

[1] Consulter le décret du 24 messidor an XII, notamment en ce qui concerne les honneurs funèbres à rendre à certaines personnes; le décret du 4 thermidor an XIII, portant défense de faire aucune inhumation sans l'autorisation de l'officier de l'état civil; l'ordonnance du 25 juin 1832, portant règlement pour le service des pompes funèbres à Paris, et abrogeant le décret du 18 août 1811, sur le même objet; l'article 30, n° 17, de la loi du 18 juillet 1837, qui met au nombre des dépenses obligatoires des communes la clôture des cimetières, leur entretien et leur translation dans les cas déterminés par les lois et règlements d'administration publique, etc. Consulter aussi la circulaire du ministre de l'intérieur aux préfets, du 8 messidor an XII, portant instruction générale pour l'exécution du décret du 23 prairial; et celle du même ministre, du 20 juillet 1841, soumettant à l'examen des conseils généraux diverses modifications qu'il se proposait de provoquer dans la législation sur cette matière.

citoyens se réunissent pour la célébration de leurs cultes, ni dans l'enceinte des villes et bourgs[1].

2. Il y aura, hors de chacune de ces villes et bourgs, à la distance de trente-cinq à quarante mètres au moins de leur enceinte, des terrains spécialement consacrés à l'inhumation des morts.

3. Les terrains les plus élevés et exposés au nord seront choisis de préférence; ils seront clos de murs de deux mètres au moins d'élévation. On y fera des plantations, en prenant les précautions convenables pour ne point gêner la circulation de l'air.

4. Chaque inhumation aura lieu dans une fosse séparée : chaque fosse qui sera ouverte aura un mètre cinq décimètre à deux mètres de profondeur, sur huit décimètres de largeur, et sera ensuite remplie de terre bien foulée.

5. Les fosses seront distantes les unes des autres de trois à quatre décimètres sur les côtés, et de trois à cinq décimètres à la tête et aux pieds.

---

[1] Une circulaire du ministre des cultes, du 14 décembre 1831, a rappelé aux préfets qu'aucune exception à cette prohibition générale n'était établie par les articles suivants; que, si cette exception pouvait avoir lieu, ce ne serait qu'en vertu d'une autorisation spéciale du Roi, ainsi qu'il en existe des exemples pour les archevêques et évêques, d'après des précédents qui remontent à la décision impériale en vertu de laquelle le cardinal du Belloy, archevêque de Paris, a été inhumé dans la cathédrale de cette ville; que, dans tous les cas, ces exceptions ne pouvaient être que très-rares; que, néanmoins, il paraîtrait que, dans certaines localités, l'on présumerait que les personnes qui ont d'anciens tombeaux de famille dans les églises, des ecclésiastiques, des religieuses, etc. peuvent être inhumés dans les édifices du culte ou dans les chapelles de communautés; qu'il y avait lieu d'empêcher ces abus, et même d'en provoquer au besoin la répression, par application de l'article 358 du Code pénal.

6. Pour éviter le danger qu'entraîne le renouvellement trop rapproché des fosses, l'ouverture des fosses pour de nouvelles sépultures n'aura lieu que de cinq en cinq années ; en conséquence, les terrains destinés à former les lieux de sépulture, seront cinq fois plus étendus que l'espace nécessaire pour y déposer le nombre présumé des morts qui peuvent y être enterrés chaque année.

TITRE II.

De l'établissement des nouveaux cimetières.

7. Les communes qui seront obligées, en vertu des articles 1 et 2 du titre Ier, d'abandonner les cimetières actuels, et de s'en procurer de nouveaux hors de l'enceinte de leurs habitations, pourront, sans autre autorisation que celle qui leur est accordée par la déclaration du 10 mars 1776[1], acquérir les terrains qui leur seront nécessaires, en remplissant les formes voulues par l'arrêté du 7 germinal an IX[2].

8. Aussitôt que les nouveaux emplacements seront disposés à recevoir les inhumations, les cimetières existants seront fermés, et resteront dans l'état où ils se trouveront, sans que l'on en puisse faire usage pendant cinq ans.

9. A partir de cette époque, les terrains servant maintenant de cimetières pourront être affermés par les com-

---

[1] L'article 8 de cette déclaration accorde aux villes et communes qui seraient obligées de déplacer leurs cimetières, l'autorisation d'acquérir les terrains nécessaires, dérogeant à cet effet, en tant que de besoin, à l'édit d'août 1749 sur les établissements de main-morte.

[2] Cet arrêté détermine les formalités à remplir et les pièces à produire pour les baux à longues années des biens ruraux appartenant aux hospices, aux établissements d'instruction publique et aux communes.

munes auxquelles ils appartiennent, mais à condition qu'ils ne seront qu'ensemencés ou plantés, sans qu'il puisse y être fait aucune fouille ou fondation pour des constructions de bâtiment, jusqu'à ce qu'il en soit autrement ordonné.

TITRE III.
Des concessions de terrains dans les cimetières.

10. Lorsque l'étendue des lieux consacrés aux inhumations le permettra, il pourra y être fait des concessions de terrains aux personnes qui désireront y posséder une place distincte et séparée, pour y fonder leur sépulture et celle de leurs parents ou successeurs, et y construire des caveaux, monuments ou tombeaux.

11. Les concessions ne seront néanmoins accordées qu'à ceux qui offriront de faire des fondations ou donations en faveur des pauvres et des hôpitaux, indépendamment d'une somme qui sera donnée à la commune, et lorsque ces fondations ou donations auront été autorisées par le Gouvernement, dans les formes accoutumées, sur l'avis des conseils municipaux et la proposition des préfets.

12. Il n'est point dérogé par les deux articles précédents aux droits qu'a chaque particulier, sans besoin d'autorisation, de faire placer, sur la fosse de son parent ou de son ami, une pierre sépulcrale ou autre signe indicatif de sépulture, ainsi qu'il a été pratiqué jusqu'à présent.

13. Les maires pourront également, sur l'avis des administrations des hôpitaux, permettre que l'on construise, dans l'enceinte de ces hôpitaux, des monuments pour les fondateurs et bienfaiteurs de ces établissements, lorsqu'ils en auront déposé le désir dans leurs actes de donation, de fondation ou de dernière volonté.

14. Toute personne pourra être enterrée sur sa propriété, pourvu que ladite propriété soit hors et à la distance prescrite de l'enceinte des villes et bourgs.

TITRE IV.

De la police des lieux de sépulture.

15. Dans les communes où l'on professe plusieurs cultes, chaque culte doit avoir un lieu d'inhumation particulier; et, dans les cas où il n'y aurait qu'un seul cimetière, on le partagera par des murs, baies ou fossés, en autant de parties qu'il y a de cultes différents, avec une entrée particulière pour chacune, et en proportionnant cet espace au nombre d'habitants de chaque culte.

16. Les lieux de sépulture, soit qu'ils appartiennent aux communes, soit qu'ils appartiennent aux particuliers, seront soumis à l'autorité, police et surveillance des administrations municipales.

17. Les autorités locales sont spécialement chargées de maintenir l'exécution des lois et règlements qui prohibent les exhumations non autorisées, et d'empêcher qu'il se commette dans les lieux de sépulture aucun désordre, ou qu'on s'y permette aucun acte contraire au respect dû à la mémoire des morts.

TITRE V.

Des pompes funèbres.

18. Les cérémonies précédemment usitées pour les convois, suivant les différents cultes, seront rétablies, et il sera libre aux familles d'en régler la dépense selon leurs moyens et facultés; mais, hors de l'enceinte des églises et

des lieux de sépulture, les cérémonies religieuses ne seront permises que dans les communes où l'on ne professe qu'un seul culte, conformément à l'article 45 de la loi du 18 germinal an x.

19. Lorsque le ministre d'un culte, sous quelque prétexte que ce soit, se permettra de refuser son ministère pour l'inhumation d'un corps, l'autorité civile, soit d'office, soit sur la réquisition de la famille, commettra un autre ministre du même culte pour remplir ces fonctions. Dans tous les cas, l'autorité civile est chargée de faire porter, présenter, déposer et inhumer les corps[1].

20. Les frais et rétributions à payer aux ministres des cultes et autres individus attachés aux églises et temples, tant pour leur assistance aux convois que pour les services requis par les familles, seront réglés par le Gouvernement, sur l'avis des évêques, des consistoires et des préfets, et sur la proposition du conseiller d'état chargé des affaires concernant les cultes. Il ne sera rien alloué pour leur assistance à l'inhumation des individus inscrits au rôle des indigents.

21. Le mode le plus convenable pour le transport des corps sera réglé, suivant les localités, par les maires, sauf l'approbation des préfets.

22. Les fabriques des églises et les consistoires jouiront seuls du droit de fournir les voitures, tentures, ornements, et de faire généralement toutes les fournitures quelconques

---

[1] Une circulaire du ministre de l'intérieur aux préfets, du 26 thermidor an xii, les invite à avertir les maires que, lorsqu'ils ne pourront, dans le cas prévu par l'article 19, commettre un autre ministre, ils devront procéder à l'inhumation dans le délai prescrit par la loi, cet acte étant purement civil. La même circulaire leur fait également remarquer que l'article 77 du Code civil défend implicitement aux ministres des cultes de faire aucune inhumation sans la permission écrite du maire.

nécessaires pour les enterrements, et pour la décence ou la pompe des funérailles. Les fabriques et consistoires pourront faire exercer ou affermer ce droit, d'après l'approbation des autorités civiles sous la surveillance desquelles ils sont placés [1].

23. L'emploi des sommes provenant de l'exercice ou de l'affermage de ce droit sera consacré à l'entretien des églises, des lieux d'inhumation, et au payement des desservants. Cet emploi sera réglé et réparti sur la proposition du conseiller d'état chargé des affaires concernant les cultes, et d'après l'avis des évêques et des préfets.

24. Il est expressément défendu à toutes autres personnes, quelles que soient leurs fonctions, d'exercer le droit sus-mentionné, sous telle peine qu'il appartiendra, sans préjudice des droits résultant des marchés existants, et qui ont été passés entre quelques entrepreneurs et les préfets ou autres autorités civiles, relativement aux convois et pompes funèbres [2].

25. Les frais à payer par les successions des personnes décédées, pour les billets d'enterrement, le prix des tentures, les bières et le transport des corps, seront fixés par un tarif proposé par les administrations municipales, et arrêté par les préfets.

26. Dans les villages et autres lieux où le droit précité ne pourra être exercé par les fabriques, les autorités locales y pourvoiront, sauf l'approbation des préfets.

[1] Cet article et l'article 24 ont été déclarés inapplicables aux personnes qui professent la religion juive, par un décret du 10 février 1806.

[2] Voir la note précédente.

DÉCRET

CONCERNANT LE SERVICE DANS LES ÉGLISES
ET LES CONVOIS FUNÈBRES.

18 mai 1806. (IV, Bull. 91, n° 1550[1].)

———

TITRE Ier.

Règles générales pour les églises[2].

———

TITRE II.

Service pour les morts dans les églises.

ART. 4. Dans toutes les églises, les curés, desservants et vicaires feront gratuitement le service exigé pour les morts indigents. L'indigence sera constatée par un certificat de la municipalité.

5. Si l'église est tendue pour recevoir un convoi funèbre, et qu'on présente ensuite le corps d'un indigent, il est défendu de détendre jusqu'à ce que le service de ce mort soit fini.

6. Les règlements déjà dressés, et ceux qui le seront à l'avenir par les évêques sur cette matière, seront soumis par notre ministre des cultes à notre approbation.

7. Les fabriques feront par elles-mêmes ou feront faire

[1] Ce décret a été transmis aux préfets par une circulaire du ministre de l'intérieur du 17 juin 1806.

[2] Les dispositions de ce titre ont été reproduites et complétées par les articles 64 et suivants du décret du 30 décembre 1809 (sect. VII, p. 98).

par entreprise aux enchères toutes les fournitures nécessaires au service des morts dans l'intérieur de l'église, et
toutes celles qui sont relatives à la pompe des convois,
sans préjudice aux droits des entrepreneurs qui ont des
marchés existants. Elles dresseront, à cet effet, des tarifs
et des tableaux gradués par classe. Ils seront communiqués
aux conseils municipaux et aux préfets, pour y donner leur
avis, et seront soumis par notre ministre des cultes, pour
chaque ville, à notre approbation. Notre ministre de l'intérieur nous transmettra pareillement, à cet égard, les avis
des conseils municipaux et des préfets.

8. Dans les grandes villes, toutes les fabriques se réuni-
ront pour ne former qu'une seule entreprise.

TITRE III.

Du transport des corps.

9. Dans les communes où il n'existe pas d'entreprise et
de marché pour les sépultures, le mode du transport des
corps sera réglé par les préfets et les conseils municipaux.
Le transport des indigents sera fait gratuitement.

10. Dans les communes populeuses, où l'éloignement des
cimetières rend le transport coûteux, et où il est fait avec
des voitures, les autorités municipales, de concert avec les
fabriques, feront adjuger aux enchères l'entreprise de ce
transport, des travaux nécessaires à l'inhumation, et de
l'entretien des cimetières.

11. Le transport des morts indigents sera fait décem-
ment et gratuitement; tout autre transport sera assujetti à
une taxe fixe. Les familles qui voudront quelque pompe
traiteront avec l'entrepreneur, suivant un tarif qui sera
dressé à cet effet. Les règlements et marchés qui fixeront

cette taxe et le tarif seront délibérés par les conseils municipaux, et soumis ensuite, avec l'avis du préfet, par notre ministre de l'intérieur, à notre approbation.

12. Il est interdit, dans ces règlements et marchés, d'exiger aucune surtaxe pour les présentations et stations à l'église, toute personne ayant également le droit d'y être présentée.

13. Il est défendu d'établir aucun dépositoire dans l'enceinte des villes.

14. Les fournitures précitées dans l'article 11, dans les villes où les fabriques ne fournissent pas elles-mêmes, seront données ou en régie intéressée, ou en entreprise, à un seul régisseur ou entrepreneur. Le cahier des charges sera proposé par le conseil municipal, d'après l'avis de l'évêque, et arrêté définitivement par le préfet.

15. Les adjudications seront faites selon le mode établi par les lois et règlements pour tous les travaux publics. En cas de contestations entre les autorités civiles, les entrepreneurs et les fabriques, sur les marchés existants, il y sera statué sur les rapports de nos ministres de l'intérieur et des cultes. L'arrêté du préfet de la Seine, du 5 mars 1806, est approuvé.

AVIS DU CONSEIL D'ÉTAT

CONCERNANT LES CIMETIÈRES MIS EN VENTE ET LA PORTION À EN RÉSERVER [1].

25 janvier 1807.

Le conseil d'état, qui, d'après le renvoi ordonné par Sa Majesté, a entendu le rapport de la section de l'intérieur sur celui du ministre de ce département, tendant à faire adopter, conformément à l'avis du ministre des cultes, un décret pour ordonner qu'à l'avenir, dans les communes rurales, il sera réservé, devant et autour des églises, sur le terrain des anciens cimetières qui seraient affermés ou aliénés, une place et un chemin de ronde dont les dimensions sont prescrites dans ce projet de décret;

Considérant que les dispositions de ce décret ne pourraient être applicables à toutes les différentes localités, les églises étant isolées dans une commune, et bordées ou entourées de bâtiments dans d'autres,

Est d'avis qu'il n'y a pas lieu à rendre, sur cette matière, un règlement général, et qu'il suffit que le ministre ordonne aux maires de ne vendre aucun ancien cimetière sans lui soumettre le projet d'aliénation, afin qu'il décide quelles sont les parties de ces anciens cimetières qui pourront être aliénées, et celles qu'on devra réserver pour laisser aux églises l'air, le jour nécessaire, une libre circulation et de faciles communications.

[1] Cet avis n'est ni au Bulletin des lois, ni dans Duvergier; il a été publié par l'Almanach du Clergé de 1834.

DÉCRET

QUI FIXE UNE DISTANCE POUR LES CONSTRUCTIONS DANS LE
VOISINAGE DES CIMETIÈRES HORS DES COMMUNES.

7 mars 1808. (IV, Bull. 184, n° 3177.)

ART. 1er. Nul ne pourra, sans autorisation, élever aucune
habitation, ni creuser aucun puits, à moins de cent mètres
des nouveaux cimetières transférés hors des communes en
vertu des lois et règlements.

2. Les bâtiments existants ne pourront également être
restaurés ni augmentés sans autorisation. Les puits pourront, après visite contradictoire d'experts, être comblés en
vertu d'ordonnance du préfet du département, sur la demande de la police locale.

DÉCRET

CONCERNANT LE PARTAGE DES CIERGES EMPLOYÉS AUX
ENTERREMENTS ET AUX SERVICES FUNÈBRES.

26 décembre 1813. (IV, Bull. 550, n° 10,015.)

ART. 1er. Dans toutes les paroisses de l'empire, les cierges
qui, aux enterrements et aux services funèbres, seront portés par les membres du clergé, leur appartiendront; les autres cierges placés autour du corps et à l'autel, aux chapelles
ou autres parties de l'église, appartiendront, savoir : une
moitié à la fabrique, et l'autre moitié à ceux du clergé qui

y ont droit; ce partage sera fait en raison du poids de la totalité des cierges.

2. Il n'est rien innové à l'égard des curés qui, à raison de leur dotation, sont chargés des frais du culte.

SECONDE PARTIE.

CONGRÉGATIONS RELIGIEUSES[1].

––––––––

LOI

QUI PROHIBE EN FRANCE LES VŒUX MONASTIQUES DE L'UN ET DE L'AUTRE SEXE.

13-19 février 1790.

Art. Ier. La loi constitutionnelle du royaume ne reconnaîtra plus de vœux monastiques solennels des personnes de l'un ni de l'autre sexe : en conséquence, les ordres et congrégations réguliers dans lesquels on fait de pareils vœux sont et demeurent supprimés en France, sans qu'il puisse en être établi de semblables à l'avenir.

2. Tous les individus de l'un et de l'autre sexe, existants dans les monastères et maisons religieuses, pourront en sortir en faisant leur déclaration devant la municipalité du lieu, et il sera pourvu incessamment à leur sort par une pension convenable. Il sera pareillement indiqué des maisons où seront tenus de se retirer les religieux qui ne voudront pas profiter de la disposition du présent. Au surplus,

––––––––

[1] Il faut se reporter aussi à la section XII de la première partie, p. 169, qui contient, relativement aux donations et legs, et à quelques autres matières, des dispositions applicables aux congrégations religieuses. Il faut consulter également la première ordonnance du 16 juin 1828 (section V de la même partie, p. 61). Enfin il peut être utile de connaître les lois des 20 février-26 mars 1790, 19-26 mars 1790, 5-11 février 1791, et 17 août 1792.

il ne sera rien changé, quant à présent, à l'égard des maisons chargées de l'éducation publique et des établissements de charité, et ce jusqu'à ce qu'il ait été pris un parti sur ces objets.

3. Les religieuses pourront rester dans les maisons où elles sont aujourd'hui, les exceptant expressément de l'article qui oblige les religieux de réunir plusieurs maisons dans une seule.

———◦◦———

LOI

RELATIVE À LA SUPPRESSION DES CONGRÉGATIONS SÉCULIÈRES ET DES CONFRÉRIES.

(Extrait.)

18 août 1792.

L'assemblée nationale, considérant qu'un état vraiment libre ne doit souffrir dans son sein aucune corporation, pas même celles qui, vouées à l'enseignement public, ont bien mérité de la patrie, et que le moment où le corps législatif achève d'anéantir les corporations religieuses est aussi celui où il doit faire disparaître à jamais tous les costumes qui leur étaient propres, et dont l'effet nécessaire serait d'en rappeler le souvenir, d'en retracer l'image, ou de faire penser qu'elles subsistent encore, décrète ce qui suit :

TITRE Ier.

Suppression des congrégations séculières et des confréries.

Art. Ier. Les corporations connues en France sous le nom de congrégations séculières ecclésiastiques, telles que celles des prêtres de l'Oratoire de Jésus, de la Doctrine chrétienne, de la Mission de France ou de Saint-Lazare[1], des Eudites, de Saint-Joseph, de Saint-Sulpice, de Saint-Nicolas-du-Chardonnet, du Saint-Esprit, des Missions du Clergé[2], des Mulotins, du Saint-Sacrement, des Bonies, des Trouillardistes, la congrégation de Provence, les sociétés de Sorbonne et de Navarre; les congrégations laïques, telles que celles des frères de l'École chrétienne[3], des ermites du Mont-Valérien, des ermites de Sénard, des ermites de Saint-Jean-Baptiste, de tous les autres frères ermites isolés ou réunis en congrégations, des frères tailleurs, des frères cordonniers; les congrégations des filles, telles que celles de la Sagesse, des Écoles chrétiennes, des Vertelottes, de l'Union chrétienne, de la Providence, des filles de la Croix; les sœurs de Saint-Charles, les Millepoises, les filles du Bon-Pasteur, les filles de la Propagation de la Foi, celles de Notre-Dame de la Garde, les Dames-Noires, celles de Fourquevaux, et généralement toutes les corporations religieuses et congrégations séculières d'hommes et de femmes, ecclésiastiques ou laïques, même celles uniquement vouées au service des hôpitaux et au soulagement des malades, sous

[1] Un décret du 7 prairial an XII (non inséré au Bulletin des lois) et une ordonnance du 3 février 1816 (VII, Bull. 66, n° 419) ont rétabli la congrégation des missions de Saint-Lazare. Une autre ordonnance du 1er juillet 1827 (VIII, Bull. 174, n° 6645) a autorisé la publication du bref d'institution du supérieur général de cette congrégation. (Voir ci-après le décret du 26 septembre 1809, pag. 208.)

[2] Une ordonnance du 25 septembre 1816 a rétabli la congrégation des missions de France. Un autre ordonnance du 2 mars 1815 avait rétabli celle des missions étrangères. Celle du 25 septembre 1816 a été rapportée par une ordonnance du 25 décembre 1830.

[3] Le rétablissement des Frères des écoles chrétiennes résulte de l'article 109 du décret du 17 mars 1808. (Voir aussi l'ordonnance du 1er mai 1822.)

quelque dénomination qu'elles existent en France, soit qu'elles ne comprennent qu'une seule maison, soit qu'elles en comprennent plusieurs, ensemble les familiarités, confréries, les pénitents de toutes couleurs, les pèlerins et toutes autres associations de piété ou de charité, sont éteintes et supprimées à dater du jour de la publication du présent décret.

2. Néanmoins, dans les hôpitaux et maisons de charité, les mêmes personnes continueront, comme ci-devant, le service des pauvres et le soin des malades à titre individuel, sous la surveillance des corps municipaux et administratifs, jusqu'à l'organisation définitive que le comité des secours présentera incessamment à l'assemblée nationale. Celles qui discontinueront leur service sans des raisons jugées valables par les directoires de département, sur l'avis des districts et les observations des municipalités, n'obtiendront que la moitié du traitement qui leur aurait été accordé.

4. Aucune partie de l'enseignement public ne continuera d'être confiée aux maisons de charité dont il s'agit à l'article 2, non plus qu'à aucune des maisons des ci-devant congrégations d'hommes et de filles, séculières ou régulières [1].

[1] Les autres dispositions de cette loi se bornent à prescrire des mesures d'exécution inutiles à connaître ici.

DÉCRET

3 messidor an XII. (IV, Bull. 6, n° 58.)

Art. 1er, A compter du jour de la publication du présent décret, l'agrégation ou association connue sous les noms de *Pères de la foi*, d'*Adorateurs de Jésus* ou *Pacanaristes*, actuellement établie à Belley, à Amiens et dans quelques autres villes de l'empire, sera et demeurera dissoute. Seront pareillement dissoutes toutes autres congrégations ou associations formées sous prétexte de religion, et non autorisées.

2. Les ecclésiastiques composant lesdites agrégations ou associations se retireront, sous le plus bref délai, dans leurs diocèses, pour y vivre conformément aux lois et sous la juridiction de l'ordinaire.

3. Les lois qui s'opposent à l'admission de tout ordre religieux dans lequel on se lie par des vœux perpétuels continueront d'être exécutées selon leur forme et teneur.

4. Aucune agrégation ou association d'hommes ou de femmes ne pourra se former à l'avenir sous prétexte de religion, à moins qu'elle n'ait été formellement autorisée par un décret impérial, sur le vu des statuts et règlements selon lesquels on se proposerait de vivre dans cette agrégation ou association.

5. Néanmoins les agrégations connues sous les noms de *sœurs de la Charité*, de *sœurs Hospitalières*, de *sœurs de Saint-Thomas*, de *sœurs de Saint-Charles* et de *sœurs Vatelottes*, continueront d'exister, en conformité des arrêtés des 1er ni-

vôse an IX, 24 vendémiaire an XI, et des décisions des 28 prairial an XI et 22 germinal an XII[1]; à la charge par lesdites
agrégations de présenter, sous le délai de six mois, leurs
statuts et règlements, pour être vus et vérifiés en conseil
d'état, sur le rapport du conseiller d'état chargé de toutes
les affaires concernant les cultes.

6. Nos procureurs généraux près nos cours et nos procureurs impériaux sont tenus de poursuivre ou faire poursuivre, même par la voie extraordinaire, suivant l'exigence
des cas, les personnes de tout sexe qui contreviendraient
directement ou indirectement au présent décret, qui sera
inséré au Bulletin des lois.

DÉCRET

RELATIF AUX CONGRÉGATIONS OU MAISONS HOSPITALIÈRES
DE FEMMES.

18 février 1809. (IV. Bull. 225, n° 4127.)

SECTION Iʳᵉ.

Dispositions générales.

Art. 1ᵉʳ. Les congrégations ou maisons hospitalières de
femmes, savoir : celles dont l'institution a pour but de
desservir les hospices de notre empire, d'y servir les infirmes, les malades et les enfants abandonnés, ou de por-

---

[1] Ces arrêtés et décisions n'ont pas été insérés au Bulletin des lois; ils
ne se trouvent pas non plus dans Duvergier. L'arrêté du 24 vendémiaire
an XI est le seul qui soit mentionné dans l'Almanach du Clergé de 1834.

ter aux pauvres des soins, des secours, des remèdes à domicile, sont placées sous la protection de Madame, notre très-chère et honorée mère.

2. Les statuts de chaque congrégation ou maison séparée seront approuvés par nous, et insérés au Bulletin des lois, pour être reconnus, et avoir force d'institution publique.

3. Toute congrégation d'hospitalières dont les statuts n'auront pas été approuvés et publiés avant le 1er janvier 1810, sera dissoute.

4. Le nombre des maisons, le costume et les autres privilèges qu'il est dans notre intention d'accorder aux congrégations hospitalières, seront spécifiés dans les brevets d'institution.

5. Toutes les fois que des administrations des hospices ou des communes voudraient étendre les bienfaits de cette institution aux hôpitaux de leurs communes ou arrondissements, les demandes seront adressées par les préfets au ministre des cultes, qui, de concert avec les supérieures des congrégations, donnera des ordres pour l'établissement des nouvelles maisons quand cela sera nécessaire : notre ministre des cultes soumettra l'institution des nouvelles maisons à notre approbation.

SECTION II.

Noviciats et vœux.

6. Les congrégations hospitalières auront des noviciats, en se conformant aux régles établies, à ce sujet, par leurs statuts.

7. Les élèves ou novices ne pourront contracter des vœux si elles n'ont seize ans accomplis. Les vœux des novices âgées de moins de vingt et un ans ne pourront être que

pour un an. Les novices seront tenues de présenter les consentements demandés pour contracter mariage, par les articles 148, 149, 150, 159 et 160 du Code civil.

8. A l'âge de vingt et un ans, ces novices pourront s'engager pour cinq ans. Ledit engagement devra être fait en présence de l'évêque, ou d'un ecclésiastique délégué par l'évêque, et de l'officier civil qui dressera l'acte, et le consignera sur un régistre double, dont un exemplaire sera déposé entre les mains de la supérieure, et l'autre à la municipalité, et, pour Paris, à la préfecture de police.

SECTION III.

Revenus, biens et donations.

9. Chaque hospitalière conservera l'entière propriété de ses biens et revenus, et le droit de les administrer et d'en disposer conformément au Code civil.

10. Elle ne pourra, par actes entre vifs, ni y renoncer au profit de sa famille, ni en disposer, soit au profit de la congrégation, soit en faveur de qui que ce soit.

11. Il ne sera perçu, pour l'enregistrement des actes de donations, legs ou acquisitions, légalement faits en faveur des congrégations hospitalières, qu'un droit fixe d'un franc [1].

12. Les donations seront acceptées par la supérieure de la maison, quand la donation sera faite à une maison spéciale, et par la supérieure générale, quand la donation sera faite à toute la congrégation.

13. Dans tous les cas, les actes de donation ou legs doivent, pour la demande d'autorisation à fin d'accepter,

[1] Cette disposition est abrogée par l'article 17 de la loi de finances du 18 avril 1831.

être remis à l'évêque du lieu du domicile du donateur ou testateur, pour qu'il les transmette, avec son avis, à notre ministre des cultes.

14. Les donations, revenus et biens des congrégations religieuses, de quelque nature qu'ils soient, seront possédés et régis conformément au Code civil; et ils ne pourront être administrés que conformément à ce Code et aux lois et règlements sur les établissements de bienfaisance.

15. Le compte des revenus de chaque congrégation ou maison séparée sera remis chaque année à notre ministre des cultes.

SECTION IV.

Discipline.

16. Les dames hospitalières seront, pour le service des malades ou des pauvres, tenues, s'il y en a, de se conformer, dans les hôpitaux ou dans les autres établissements d'humanité, aux règlements d'administration.

17. Chaque maison et même celle du chef-lieu, sera, quant au spirituel, soumise à l'évêque diocésain, qui la visitera et réglera exclusivement.

18. Il sera rendu compte à l'évêque de toutes peines de discipline autorisées par les statuts, qui auraient été infligées.

19. Les maisons des congrégations hospitalières, comme toutes les autres maisons de l'état, seront soumises à la police des maires, des préfets et officiers de justice.

20. Toutes les fois qu'une sœur hospitalière aurait à porter des plaintes sur des faits contre lesquels la loi prononce des peines de police correctionnelle, ou autres plus

graves, la plainte sera renvoyée devant les juges ordinaires.

<hr>

DÉCRET

RELATIF AUX MISSIONS[1].

26 septembre 1809.

Art. 1er. Les missions à l'intérieur sont défendues, et en
conséquence nous révoquons tous décrets concernant
lesdites missions, et notamment celui du 2e jour complémentaire an XIII[1], qui confirme les trois associations d'ecclésiastiques établies à Gênes sous le nom de *Missionnaires
Urbains*, d'*Ouvriers Évangéliques* et de *Missionnaires de la
campagne*.

2. Nous révoquons aussi tous décrets par nous précédemment rendus, portant établissement ou confirmation
de congrégations de prêtres pour les missions étrangères, et
notamment celui du 7 prairial an XII[2], portant établissement d'une association de prêtres séculiers, qui, sous le
titre de *Prêtres des Missions Étrangères*, seraient chargés des
missions hors de France, et du 2 germinal an XIII[4], portant établissement des missions connues sous le nom de
Missions Étrangères et de *Séminaire du Saint-Esprit*, ainsi

<hr>

[1] Ce décret n'a pas été inséré au Bulletin des lois et n'est pas non plus
publié par Duvergier ni par l'Almanach du Clergé ; je l'ai trouvé aux archives de l'administration des cultes. Du reste il y a été dérogé par diverses
ordonnances de la restauration, et spécialement par celles des 2 mars
1815, 3 février et 25 septembre 1816, ci-dessus citées, pag. 201.

[2] Non inséré au Bulletin des lois.

[3] *Id.   id.*

[4] *Id.   id.*

que tous autres décrets rendus par suite et en exécution de ceux ci-dessus énoncés.

3. Nos ministres des cultes et de la police sont chargés, chacun en ce qui le concerne, de l'exécution du présent décret, qui ne sera pas imprimé.

DÉCRET

CONTENANT BREVET D'INSTITUTION PUBLIQUE DES MAISONS DITES DU REFUGE, ET APPROBATION DE LEURS STATUTS.

26 décembre 1810. (IV, Bull. 341, n° 6362.)

SECTION Ire.

Dispositions générales.

Art. 1er. Les maisons dites *du Refuge*, destinées à ramener aux bonnes mœurs les filles qui se sont mal conduites, seront, comme les maisons hospitalières de femmes, placées sous la protection de Madame, notre chère et auguste mère. Les statuts de la maison de Paris, joints au présent décret, sont approuvés et reconnus.

2. Les statuts de chaque maison séparée, ou des maisons qui voudraient être affiliées à celle de Paris, seront approuvés par nous, et insérés au Bulletin des lois, pour être reconnus et avoir force d'institution publique, d'après un rapport séparé.

3. Toute maison des sœurs du Refuge dont les statuts n'auront pas été approuvés et publiés avant le 1er juillet 1811 sera dissoute.

4. Les congrégations ou maisons du Refuge se conforme-

ront, pour les noviciats et les vœux, ainsi que pour les revenus, biens et donations, aux dispositions des II⁰ et III⁰ sections du règlement du 18 février 1809, concernant les
congrégations hospitalières.

5. Il sera pourvu aux besoins des maisons actuellement
existantes. Il ne pourra être tenu dans les maisons du Refuge, de pensionnat pour l'éducation des enfants, s'il n'a été
donné par nous, à cet égard, une autorisation spéciale, d'a-
près l'organisation des établissements pour l'éducation des
personnes du sexe, sur lesquels il sera statué successivement par nous.

6. Lorsqu'une commune voudra établir une maison de
Refuge, la demande en sera transmise par le préfet, avec
son avis, au ministre des cultes, qui soumettra l'établissement des nouvelles maisons à notre approbation.

SECTION II.
Discipline.

7. Les sœurs du Refuge ne pourront recevoir dans leurs
maisons que des personnes qui y entreraient volontaire-
ment, celles qui seraient soumises à l'autorité de la police,
ou celles dont il est parlé ci-après à l'article 12.

8. Il sera tenu, par la supérieure, des registres séparés,
l'un pour les personnes envoyées par les familles, et l'autre
pour les personnes envoyées par la police : ces registres
contiendront les nom, prénoms, âge et domicile de ces personnes, la date de leur entrée, celle de leur sortie, les nom,
prénoms et domicile des magistrats et des parents qui les
y auront fait placer.

9. Le fonctionnaire public ou les parents par l'autorité
desquels une fille sera dans une de ces maisons, seront tou-

jours admis à lui parler, et à exiger qu'elle leur soit représentée.

10. Seront les maisons de Refuge, comme toutes les autres maisons de l'état, soumises à la police des maires, des préfets et officiers de justice.

11. Les sœurs du Refuge seront assujetties aux autres règles de discipline prescrites pour les sœurs hospitalières.

12. Les sœurs du Refuge ne pourront recevoir dans leurs maisons que les personnes soumises à l'autorité de la police et qui y seront envoyées par ses ordres, ou qui y seront envoyées par les pères ou conseils de famille, dans les formes établies par le Code civil. Toutes les fois qu'une personne qui sera dans la maison voudra adresser une pétition à l'autorité administrative ou judiciaire, la supérieure sera tenue de laisser passer librement ladite pétition sans en prendre connaissance, et même de tenir la main à ce qu'elle soit envoyée à son adresse.

13. Le sous-préfet, ou, à son défaut, le maire, d'une part, et notre procureur impérial près le tribunal civil, ou son substitut, de l'autre, seront tenus de faire, chacun tous les trois mois, une visite dans les maisons des dames du Refuge, de se faire représenter les registres, d'entendre, même en particulier, si elles le demandent, toutes les personnes qui y sont, de recevoir les réclamations et de veiller à ce qu'il y soit fait droit conformément aux lois, sans préjudice des visites que pourront faire tous nos procureurs généraux, toutes les fois qu'ils le jugeront convenable. Les procès-verbaux de ces visites seront envoyés, par ceux qui les auront faites, à notre grand juge, ministre de la justice.

AVIS DU CONSEIL D'ÉTAT

RELATIF AUX SŒURS DU VERBE-INCARNÉ DE DUN
ET D'AZERABLE.

25 mars 1811. (IV, Bull. 360, n° 6614 [1].)

Le conseil d'état, qui, d'après le renvoi ordonné par Sa Majesté, a entendu le rapport de la section de l'intérieur sur celui du ministre des cultes, tendant à approuver les statuts des sœurs du Verbe-Incarné de Dun et d'Azerable, diocèse de Limoges, département de la Haute-Vienne;

Considérant que le décret du 18 février 1809 ne concerne que les hospitalières;

Que, l'article 1er définissant et limitant leurs fonctions, elles ne peuvent en exercer d'autres;

Que la tenue d'un pensionnat de jeunes filles est incompatible avec le service des malades;

Que Sa Majesté s'est réservé de pourvoir ultérieurement aux institutions destinées à l'éducation des femmes,

Est d'avis que le pensionnat établi chez les sœurs du Verbe-Incarné doit cesser à la réception du présent avis, et à la diligence du préfet et du maire, et que le procureur impérial près le tribunal civil doit y tenir la main, et en certifier le procureur général; que, dans trois mois, pour tout délai, les établissements doivent être dissous, si dans cet invervalle ils n'ont obtenu l'approbation de statuts qui les destinent exclusivement au service d'hospitalières.

[1] Un avis semblable avait déjà été approuvé le 6 février 1811; mais il n'a pas été inséré au Bulletin des lois.

ORDONNANCE

RELATIVE À L'INSTRUCTION PRIMAIRE.

(Extrait.)

29 février 1816. (VII. Bull. 73, n° 495.)

ART. 36. Toute association religieuse ou charitable, telle que celle des écoles chrétiennes, pourra être admise à fournir, à des conditions convenues, des maîtres aux communes qui en demanderont, pourvu que cette association soit autorisée par nous, et que ses règlements et les méthodes qu'elle emploie aient été approuvés par notre commission de l'instruction publique.

37. Ces associations, et spécialement leurs noviciats, pourront être soutenus au besoin, soit par les départements où il serait jugé nécessaire d'en établir, soit sur les fonds de l'instruction publique.

38. Les écoles pourvues de maîtres par ces sortes d'associations resteront soumises, comme les autres, à la surveillance des autorités établies par la présente ordonnance [1].

ORDONNANCE

QUI APPLIQUE CELLE DU 29 FÉVRIER 1816
AUX ÉCOLES DE FILLES.

3 avril 1820. (VII. Bull. 363, n° 8641.)

Sur la représentation qui nous a été faite que notre ordonnance du 29 février 1816, relative à l'instruction pri-

---

[1] Voir ci-après les ordonnances des 3 avril 1820 et 23 juin 1836. Voir aussi la loi du 28 juin 1833 sur l'instruction primaire.

maire, n'exprimait pas suffisamment que les dispositions de
cette ordonnance fussent applicables aux institutrices, et
pour ne laisser aucun doute sur nos intentions, qui ont été
d'apporter aussi dans l'éducation des filles les importantes
améliorations dont elle est susceptible;

Notre conseil d'état entendu, etc.

ART. 1ᵉʳ. Les dispositions de notre ordonnance du 29 février 1816 sont applicables aux écoles de filles comme aux
écoles de garçons.

2. Toutefois la surveillance qui est attribuée à la commission de l'instruction publique sur ces dernières écoles
est confiée, pour les écoles de filles, aux préfets des départements.

3. Les institutrices d'écoles de filles appartenant à une
congrégation légalement reconnue, et dont les statuts, et
spécialement ceux qui sont relatifs à l'instruction des novices, auront été approuvés par nous, seront assimilées aux
frères des écoles chrétiennes, en ce point que leurs brevets
de capacité seront expédiés sur la présentation de leurs
lettres d'obédience, et que ces brevets seront déposés dans les
mains des supérieures de la congrégation, lesquelles pourront annuler ceux des institutrices qu'elles se verraient
obligées d'exclure.

LOI

RELATIVE AUX CONGRÉGATIONS RELIGIEUSES DE FEMMES [1].
24 mai 1825.

ART. 1er. À l'avenir, aucune congrégation religieuse de femmes ne pourra être autorisée, et, une fois autorisée, ne pourra former d'établissement, que dans les formes et sous les conditions prescrites par les articles suivants.

2. Aucune congrégation religieuse de femmes ne sera autorisée qu'après que les statuts, dûment approuvés par l'évêque diocésain, auront été vérifiés et enregistrés au conseil d'état, en la forme requise pour les bulles d'institution canonique. Ces statuts ne pourront être approuvés et enregistrés, s'ils ne contiennent la clause que la congrégation est soumise, dans les choses spirituelles, à la juridiction de l'ordinaire. Après la vérification et l'enregistrement, l'autorisation sera accordée par une loi à celles de ces congrégations qui n'existaient pas au 1er janvier 1825. À l'égard de celles de ces congrégations qui existaient antérieurement au 1er janvier 1825, l'autorisation sera accordée par une ordonnance du Roi.

3. Il ne sera formé aucun établissement d'une congrégation religieuse de femmes déjà autorisée, s'il n'a été préalablement informé sur la convenance et les inconvénients de l'établissement, et si l'on ne produit, à l'appui de la demande, le consentement de l'évêque diocésain et l'avis

[1] Voir l'instruction ministérielle du 17 juillet 1825, relative à l'exécution de cette loi. Voir aussi la circulaire du ministre des cultes aux préfets, en date du 19 novembre 1831, portant demande de renseignements statistiques sur la situation des congrégations religieuses de femmes.

du conseil municipal de la commune où l'établissement devra être formé. L'autorisation spéciale de former l'établissement sera accordée par ordonnance du Roi, laquelle sera insérée dans quinzaine au Bulletin des lois.

4. Les établissements dûment autorisés pourront, avec l'autorisation spéciale du Roi : 1° accepter les biens meubles et immeubles qui leur auraient été donnés par actes entre vifs ou de dernière volonté, à titre particulier seulement [1]; 2° acquérir à titre onéreux des biens immeubles ou des rentes; 3° aliéner les biens immeubles ou les rentes dont ils seraient propriétaires.

5. Nulle personne faisant partie d'un établissement autorisé ne pourra disposer, par acte entre vifs ou par testament, soit en faveur de cet établissement, soit au profit de l'un de ses membres, au delà du quart de ses biens, à moins que le don ou legs n'excède pas la somme de dix mille francs. Cette prohibition cessera d'avoir son effet relativement aux membres de l'établissement, si la légataire ou donataire était héritière en ligne directe de la testatrice ou donatrice. Le présent article ne recevra son exécution, pour les communautés déjà autorisées, que six mois après la publication de la présente loi, et pour celles qui seraient autorisées à l'avenir, six mois après l'autorisation accordée [2].

6. L'autorisation des congrégations religieuses de femmes ne pourra être révoquée que par une loi. L'autorisation des maisons particulières dépendant de ces congrégations ne

---

[1] Voir la section XII de la 1re partie, p. 169.

[2] Une circulaire du ministre des cultes aux évêques, en date du 21 mars 1835, a appelé leur attention sur la nécessité de régulariser la position des congrégations religieuses non encore autorisées, et de profiter des dispositions de l'article 5 ci-dessus.

pourra être révoquée qu'après avoir pris l'avis de l'évêque diocésain, et avec les autres formes prescrites par l'article 3 de la présente loi.

7. En cas d'extinction d'une congrégation ou maison religieuse de femmes, ou de révocation de l'autorisation qui lui aurait été accordée, les biens acquis par donation entre vifs ou par disposition à cause de mort feront retour aux donateurs ou à leurs parents au degré successible, ainsi qu'à ceux des testateurs au même degré. Quant aux biens qui ne seraient pas retour, ou qui auraient été acquis à titre onéreux, ils seront attribués et répartis, moitié aux établissements ecclésiastiques, moitié aux hospices des départements dans lesquels seraient situés les établissements éteints. La transmission sera opérée avec les charges et obligations imposées aux précédents possesseurs. Dans le cas de révocation prévu par le premier paragraphe, les membres de la congrégation ou maison religieuse de femmes auront droit à une pension alimentaire, qui sera prélevée : 1° sur les biens acquis à titre onéreux; 2° subsidiairement sur les biens acquis à titre gratuit, lesquels, dans ce cas, ne feront retour aux familles des donateurs ou testateurs qu'après l'extinction desdites pensions.

8. Toutes les dispositions de la présente loi, autres que celles qui sont relatives à l'autorisation, sont applicables aux congrégations et maisons religieuses de femmes autorisées antérieurement à la publication de la loi du 2 janvier 1817 [1].

[1] Voir cette loi à la section XII de la première partie, p. 171.

ORDONNANCE

RELATIVE AUX ÉCOLES PRIMAIRES DE FILLES.

(Extrait.)

23 juin 1836. (IX, Bull. CDXLVII, n° 6425.)

TITRE IV.

Des écoles primaires de filles dirigées par des congrégations religieuses [1].

ART. 13. Les institutrices appartenant à une congrégation religieuse dont les statuts régulièrement approuvés renfermeraient l'obligation de se livrer à l'éducation de l'enfance, pourront être aussi autorisées par le recteur à tenir une école primaire élémentaire, sur le vu de leurs lettres d'obédience, et sur l'indication, par la supérieure, de la commune où les sœurs seraient appelées.

14. L'autorisation de tenir une école primaire supérieure ne pourra être accordée sans que la postulante justifie d'un brevet de capacité du degré supérieur, obtenu dans la forme et aux conditions prescrites par la présente ordonnance.

TITRE V.

Des autorités préposées à l'instruction primaire.

15. Les comités locaux et les comités d'arrondissement institués en vertu de la loi du 28 juin 1833 et de l'ordonnance du 8 novembre de la même année, exerceront sur les

[1] Voir les ordonnances des 29 février 1816 et 3 avril 1820, ci-dessus. Voir aussi l'ordonnance du 31 octobre 1821 et la loi du 28 juin 1833.

écoles primaires de filles les attributions énoncées dans les articles 21, §§ 1, 2, 3, 4 et 5; 22, §§ 1, 2, 3, 4 et 5; 23, §§ 1, 2 et 3 de ladite loi.

16. Les comités feront visiter les écoles primaires de filles par des délégués pris parmi les membres, ou par des dames inspectrices.

TROISIÈME PARTIE.

CULTES NON CATHOLIQUES.

— ❧ —

SECTION PREMIÈRE.

CULTES PROTESTANTS[1].

———

ARTICLES ORGANIQUES

DES CULTES PROTESTANTS.

18 germinal an x.

———

TITRE Ier.

Dispositions générales pour toutes les communions protestantes.

ART. 1er. Nul ne pourra exercer les fonctions du culte, s'il n'est Français.

2. Les églises protestantes, ni leurs ministres, ne pourront avoir des relations avec aucune puissance ni autorité étrangère.

---

[1] Plusieurs des dispositions rapportées à la première partie (Culte catholique) sont communes aux cultes protestants; il en est ainsi: 1° des dispositions qui font l'objet de la section XII de cette partie, sur les dons et legs, et autres actes d'administration; 2° des articles 21 et 30 de la loi du 18 juillet 1837, p. 112; 3° de l'article 8 de la loi du 23 avril 1833, relatif aux traitements, p. 158; 4° des décrets des 23 prairial an XII et

3. Les pasteurs et ministres des diverses communions protestantes prieront et feront prier, dans la récitation de leurs offices, pour la prospérité de la république française et pour les Consuls.

4. Aucune décision doctrinale ou dogmatique, aucun formulaire, sous le titre de *confession* ou sous tout autre titre, ne pourront être publiés ou devenir la matière de l'enseignement, avant que le gouvernement en ait autorisé la publication ou promulgation.

5. Aucun changement dans la discipline n'aura lieu sans la même autorisation.

6. Le conseil d'état connaîtra de toutes les entreprises des ministres du culte, et de toutes dissensions qui pourront s'élever entre ces ministres.

7. Il sera pourvu au traitement des pasteurs des églises consistoriales : bien entendu qu'on imputera sur ce traitement les biens que ces églises possèdent, et le produit des oblations établies par l'usage ou par des règlements.

8. Les dispositions portées par les articles organiques du culte catholique, sur la liberté des fondations et sur la nature des biens qui peuvent en être l'objet, seront communes aux églises protestantes [1].

9. Il y aura deux académies ou séminaires dans l'est de la France, pour l'instruction des ministres de la confession d'Augsbourg.

---

7 mars 1808, relatifs aux inhumations, p. 185 et 197; 5° des articles 6 et 18 de la loi du 21 mars 1831, p. 74; 6° des articles 199 et suivants du Code pénal, p. 77; 7° de l'article 14 de la loi du 21 mars 1832, p. 58; 8° des articles 158 à 168 du règlement du 31 décembre 1841, p. 159, etc.

[1] Voir les articles 73 et 74 des articles organiques du culte catholique, p. 18; et la loi du 2 janvier 1817, p. 171.

10. Il y aura un séminaire à Genève, pour l'instruction des ministres des églises réformées[1].

11. Les professeurs de toutes les académies ou séminaires seront nommés par le premier Consul.

12. Nul ne pourra être élu ministre ou pasteur d'une église de la confession d'Augsbourg, s'il n'a étudié, pendant un temps déterminé, dans un des séminaires français destinés à l'instruction des ministres de cette confession, et s'il ne rapporte un certificat en bonne forme, constatant son temps d'étude, sa capacité et ses bonnes mœurs.

13. On ne pourra être élu ministre ou pasteur d'une église réformée sans avoir étudié dans le séminaire de Genève, et si on ne rapporte un certificat dans la forme énoncée dans l'article précédent.

14. Les règlements sur l'administration et la police intérieure des séminaires, sur le nombre et la qualité des professeurs, sur la manière d'enseigner et sur les objets d'enseignement, ainsi que sur la forme des certificats ou attestations d'étude, de bonne conduite et de capacité, seront approuvés par le Gouvernement.

TITRE II.

Des églises réformées.

SECTION Iʳᵉ.

De l'organisation générale de ces églises.

15. Les églises réformées de France auront des pasteurs, des consistoires locaux et des synodes.

[1] Un autre séminaire protestant a été établi, en 1810, à Montauban, en vertu de l'article 6 du décret du 17 septembre 1808 sur l'Université.

16. Il y aura une église consistoriale par six mille âmes de la même communion [1].

17. Cinq églises consistoriales formeront l'arrondissement d'un synode.

SECTION II.
Des pasteurs et des consistoires locaux.

18. Le consistoire de chaque église sera composé du pasteur ou des pasteurs desservant cette église, et d'anciens ou notables laïques, choisis parmi les citoyens les plus imposés au rôle des contributions directes; le nombre de ces notables ne pourra être au-dessous de six ni au-dessus de douze.

19. Le nombre des ministres ou pasteurs dans une même église consistoriale ne pourra être augmenté sans l'autorisation du Gouvernement.

20. Les consistoires veilleront au maintien de la discipline, à l'administration des biens de l'église, et à celle des deniers provenant des aumônes.

21. Les assemblées des consistoires seront présidées par le pasteur ou par le plus ancien des pasteurs. Un des anciens ou notables remplira les fonctions de secrétaire.

22. Les assemblées ordinaires des consistoires continueront de se tenir aux jours marqués par l'usage. Les assemblées extraordinaires ne pourront avoir lieu sans la per-

lequel porte : « A l'égard des deux facultés de théologie de Strasbourg et de Genève, *et de celle qui sera incessamment établie à Montauban*, les candidats, etc. »

[1] Une circulaire du ministre des cultes, du 31 juillet 1839, a tracé les règles générales à suivre dans la détermination de la circonscription territoriale des églises consistoriales.

mission du sous-préfet, ou du maire en l'absence du sous-préfet.

23. Tous les deux ans, les anciens du consistoire seront renouvelés par moitié : à cette époque, les anciens en exercice s'adjoindront un nombre égal de citoyens protestants, chefs de famille, et choisis parmi les plus imposés au rôle des contributions directes de la commune où l'église consistoriale sera située, pour procéder au renouvellement. Les anciens sortants pourront être réélus.

24. Dans les églises où il n'y a point de consistoire actuel, il en sera formé un. Tous les membres seront élus par la réunion de vingt-cinq chefs de famille protestants les plus imposés au rôle des contributions directes; cette réunion n'aura lieu qu'avec l'autorisation et en la présence du préfet ou du sous-préfet.

25. Les pasteurs ne pourront être destitués qu'à la charge de présenter les motifs de la destitution au Gouvernement, qui les approuvera ou les rejettera.

26. En cas de décès ou de démission volontaire, ou de destitution confirmée d'un pasteur, le consistoire, formé de la manière prescrite par l'article 18, choisira, à la pluralité des voix, pour le remplacer. Le titre d'élection sera présenté au premier Consul par le conseiller d'état chargé de toutes les affaires concernant les cultes, pour avoir son approbation[1]. L'approbation donnée, il ne pourra exercer qu'après avoir prêté, entre les mains du préfet, le serment exigé des ministres du culte catholique.

[1] Une circulaire du ministre des cultes, du 18 janvier 1837, a reproduit et résumé les règles à suivre pour l'élection des pasteurs. Une autre circulaire, du 12 avril 1838, a rappelé que les diacres ne peuvent concourir à cette élection.

27. Tous les pasteurs actuellement en exercice sont provisoirement confirmés.

28. Aucune église ne pourra s'étendre d'un département dans un autre.

SECTION III.

Des synodes.

29. Chaque synode sera formé du pasteur ou d'un des pasteurs, d'un ancien ou notable de chaque église.

30. Les synodes veilleront sur tout ce qui concerne la célébration du culte, l'enseignement de la doctrine et la conduite des affaires ecclésiastiques. Toutes les décisions qui émaneront d'eux, de quelque nature qu'elles soient, seront soumises à l'approbation du Gouvernement.

31. Les synodes ne pourront s'assembler que lorsqu'on en aura rapporté la permission du Gouvernement. On donnera connaissance préalable au conseiller d'état chargé de toutes les affaires concernant les cultes, des matières qui devront y être traitées. L'assemblée sera tenue en présence du préfet ou du sous-préfet; et une expédition du procès-verbal des délibérations sera adressée, par le préfet, au conseiller d'état chargé de toutes les affaires concernant les cultes, qui, dans le plus court délai, en fera son rapport au Gouvernement.

32. L'assemblée d'un synode ne pourra durer que six jours.

TITRE III.

De l'organisation des églises de la confession d'Augsbourg.

SECTION Ire.

Dispositions générales.

33. Les églises de la confession d'Augsbourg auront des pasteurs, des consistoires locaux, des inspections et des consistoires généraux.

SECTION II.

Des ministres ou pasteurs, et des consistoires locaux de chaque église.

34. On suivra, relativement aux pasteurs, à la circonscription et au régime des églises consistoriales, ce qui a été prescrit par la section II du titre précédent, pour les pasteurs et pour les églises réformées.

SECTION III.

Des inspections.

35. Les églises de la confession d'Augsbourg seront subordonnées à des inspections.

36. Cinq églises consistoriales formeront l'arrondissement d'une inspection.

37. Chaque inspection sera composée du ministre et d'un ancien ou notable de chaque église de l'arrondissement; elle ne pourra s'assembler que lorsqu'on en aura rapporté la permission du Gouvernement; la première fois qu'il écherra de la convoquer, elle le sera par le plus ancien

des ministres desservant les églises de l'arrondissement. Chaque inspection choisira dans son sein deux laïques, et un ecclésiastique qui prendra le titre d'inspecteur, et qui sera chargé de veiller sur les ministres et sur le maintien du bon ordre dans les églises particulières. Le choix de l'inspecteur et des deux laïques sera confirmé par le premier Consul.

38. L'inspection ne pourra s'assembler qu'avec l'autorisation du Gouvernement, en présence du préfet ou du sous-préfet, et après avoir donné connaissance préalable au conseiller d'état chargé de toutes les affaires concernant les cultes, des matières que l'on se proposera d'y traiter.

39. L'inspecteur pourra visiter les églises de son arrondissement; il s'adjoindra les deux laïques nommés par lui, toutes les fois que les circonstances l'exigeront; il sera chargé de la convocation de l'assemblée générale de l'inspection. Aucune décision émanée de l'assemblée générale de l'inspection ne pourra être exécutée sans avoir été soumise à l'approbation du Gouvernement.

SECTION IV.

Des consistoires généraux.

40. Il y aura trois consistoires généraux : l'un à Strasbourg, pour les protestants de la confession d'Augsbourg, des départements du Haut et Bas-Rhin; l'autre à Mayence, pour ceux des départements de la Sarre et du Mont-Tonnerre; et le troisième à Cologne, pour ceux des départements de Rhin-et-Moselle et de la Roër.

41. Chaque consistoire sera composé d'un président laïque protestant, de deux ecclésiastiques inspecteurs, et d'un député de chaque inspection. Le président et les deux

ecclésiastiques inspecteurs seront nommés par le premier consul. Le président sera tenu de prêter, entre les mains du premier Consul ou du fonctionnaire public qu'il plaira au premier Consul de déléguer à cet effet, le serment exigé des ministres du culte catholique. Les deux ecclésiastiques inspecteurs et les membres laïques prêteront le même serment entre les mains du président.

42. Le consistoire général ne pourra s'assembler que lorsqu'on en aura rapporté la permission du Gouvernement, et qu'en présence du préfet ou du sous-préfet ; on donnera préalablement connaissance au conseiller d'état chargé de toutes les affaires concernant les cultes, des matières qui devront y être traitées. L'assemblée ne pourra durer plus de six jours.

43. Dans le temps intermédiaire d'une assemblée à l'autre, il y aura un directoire composé du président, du plus âgé des deux ecclésiastiques inspecteurs, et de trois laïques, dont un sera nommé par le premier Consul ; les deux autres seront choisis par le consistoire général.

44. Les attributions du consistoire général et du directoire continueront d'être régies par les règlements et coutumes des églises de la confession d'Augsbourg, dans toutes les choses auxquelles il n'a point été formellement dérogé par les lois de la république et par les présents articles.

ARRÊTÉ

RELATIF AU TRAITEMENT DES MINISTRES PROTESTANTS [1].

15 germinal an XII.

Art. 1ᵉʳ. Le traitement des pasteurs des églises protestantes est réglé d'après la population des communes dans lesquelles ils exerceront leur ministère.

2. Les pasteurs protestants des églises des communes dont la population est au-dessus de trente mille âmes, sont pasteurs de première classe; ceux des communes dont la population s'élève depuis cinq mille âmes inclusivement jusques à trente mille âmes, sont pasteurs de seconde classe; et ceux des communes dont la population est exclusivement au-dessous de cinq mille âmes, sont pasteurs de troisième classe.

3. Le traitement des pasteurs de la première classe est de deux mille francs; celui des pasteurs de la seconde classe est de quinze cents francs; celui des pasteurs de la dernière classe est de mille francs [2].

4. Le traitement des pasteurs court du jour où le premier Consul a confirmé leur nomination [3].

5. Le traitement des pasteurs sera payé par trimestre.

6. Le traitement des pasteurs est insaisissable [4].

7. Le traitement des pasteurs sera acquitté à Paris, suivant leur classification, par le trésorier du Gouvernement,

---

[1] Cet arrêté n'a pas été inséré au Bulletin des lois; il est rapporté par Duvergier.
[2] Voir ci-après l'ordonnance du 22 mars 1827, p. 235.
[3] Voir ci-après l'article 213 du règlement du 31 décembre 1841, p. 237.
[4] Voir l'arrêté du 18 nivôse an XI, p. 158.

sur les mandats du conseiller d'état chargé de toutes les affaires concernant les cultes.

8. Il sera mis à cet effet, tous les trimestres, à la disposition du trésorier du Gouvernement, la somme de 64,125 francs, des fonds destinés aux frais du culte protestant.

DÉCRET

SUR LES ORATOIRES PROTESTANTS [1].

10 brumaire au XIV.

ART. 1er. Les oratoires protestants autorisés dans l'étendue de l'empire sont annexés à l'église consistoriale la plus voisine de chacun d'eux.

2. Les pasteurs des oratoires sont attachés à l'église consistoriale à laquelle l'oratoire est annexé.

DÉCRET

CONCERNANT LES CHANGEMENTS ET DÉMISSIONS DES PASTEURS PROTESTANTS [2].

10 brumaire au XIV.

ART. 1er. Les pasteurs des églises protestantes de la communion d'Augsbourg et de la communion réformée ne pourront quitter leurs églises, pour exercer leur ministère dans une autre, ni donner leur démission, sans en avoir prévenu

---

[1] Ce décret n'est ni au Bulletin des lois ni dans Duvergier; je l'ai trouvé aux archives de l'administration des cultes.

[2] Voir la note précédente.

leur consistoire, six mois d'avance, dans l'une de ses assemblées ordinaires.

2. Les consistoires feront parvenir sans délai, au ministre des cultes, une expédition de la délibération qui sera prise à ce sujet.

3. Lorsqu'un pasteur aura donné sa démission au consistoire, soit qu'il ait le projet ou non de passer dans une autre église, le consistoire sera tenu d'envoyer incontinent une expédition au ministre des cultes, avec son acceptation ou les motifs de son refus.

<hr />

DÉCRET

RELATIF AU LOGEMENT DES MINISTRES DU CULTE PROTESTANT ET À L'ENTRETIEN DES TEMPLES.

5 mai 1806. (IV. Bull. 90, n° 1528.)

ART. Ier. Les communes où le culte protestant est exercé concurremment avec le culte catholique sont autorisées à procurer aux ministres du culte protestant un logement et un jardin.

2. Le supplément de traitement qu'il y aurait lieu d'accorder à ces ministres, les frais de construction, réparations, entretien des temples, et ceux du culte protestant, seront également à la charge de ces communes, lorsque la nécessité de venir au secours des églises sera constatée[1].

[1] Une circulaire du ministre des cultes, du 28 janvier 1839, constate l'absence de toute règle fixe à l'égard des travaux des temples protestants, et contient diverses prescriptions pour y suppléer.

DÉCRET

QUI FIXE L'ÂGE DE LA CONSÉCRATION AU MINISTÈRE ÉVANGÉLIQUE.

25 mars 1807. (IV, Bull. 140, n° 2371.)

ART. 1er. L'âge de la consécration au ministère évangélique des cultes protestants de l'une et de l'autre communion est fixé à 25 ans.

2. Nul ne pourra désormais être admis à exercer les fonctions de pasteur qu'il n'ait atteint cet âge, et qu'il n'en ait justifié à notre ministre des cultes[1].

ORDONNANCE

SUR LE TRAITEMENT DES PASTEURS DE LA CONFESSION D'AUGSBOURG[2].

28 juillet 1819.

A dater du 1er janvier de cette année, le traitement des pasteurs protestants dans les départements du Haut et Bas-Rhin, Doubs et Haute-Saône, est assimilé à celui des autres

[1] Une décision royale du 14 août 1822 (archives de l'administration) a permis au ministre des cultes d'accorder, au nom du Roi, des dispenses d'âge pour la consécration des jeunes ministres du culte protestant. Toutefois une circulaire du ministre des cultes, du 24 août 1839, a invité les présidents des consistoires à ne pas présenter de demandes de dispense d'âge pour des jeunes gens qui n'auraient pas 23 ans révolus au moins.

[2] Cette ordonnance, visée dans celle du 22 mars 1827 ci-après, n'est ni au Bulletin des lois, ni dans Duvergier; je l'ai trouvée aux archives de l'administration des cultes.

pasteurs du royaume, conformément au décret du 15 germinal an XII et à l'article 7 de la loi organique sur les cultes.

ORDONNANCE

RELATIVE AUX BOURSES DANS LES SÉMINAIRES PROTESTANTS [1].

31 juillet 1821.

ART. 1er. Le nombre des bourses affectées aux séminaires protestants est porté à trente, et celui des demi-bourses à soixante.

2. Les bourses et demi-bourses sont réparties de la manière suivante:

Séminaire de Montauban, 14 bourses et 28 demi-bourses.

Séminaire de Strasbourg: culte luthérien, 12 bourses et 24 demi-bourses; culte réformé, 4 bourses et 8 demi-bourses.

3. La nomination aux bourses et demi-bourses continuera d'avoir lieu en conformité des dispositions établies [2].

[1] Cette ordonnance n'a pas été insérée au Bulletin des lois; elle n'est pas non plus dans Duvergier. La création primitive des bourses et demi-bourses, dont elle augmente le nombre, résultait d'une décision impériale, notifiée aux présidents des consistoires par une circulaire du ministre des cultes, du 25 mars 1810.

[2] Ces règles sont établies ou rappelées par les circulaires ministérielles des 27 avril 1820, 24 août 1821 et 18 septembre 1823.

ORDONNANCE

PORTANT AUGMENTATION DU TRAITEMENT DES PASTEURS
DE 3ᵉ CLASSE.

22 mars 1827. (VIII, Bull. 155, n° 5582.)

Vu la loi organique des cultes chrétiens non catholiques, du 18 germinal an x;

Vu le décret du 15 germinal au xii, qui fixe à mille francs le traitement des pasteurs protestants de troisième classe;

Vu l'ordonnance du 28 juillet 1819, qui ordonne que les pasteurs de la confession d'Augsbourg soient traités comme ceux des deux autres communions;

Vu la loi de finances du 6 juillet 1826;

Notre conseil d'état entendu, etc.

ART. 1ᵉʳ. A compter du 1ᵉʳ janvier 1827, le traitement annuel des pasteurs protestants de troisième classe est élevé à la somme de 1,200 francs.

2. Il n'est rien changé aux autres dispositions réglementaires concernant les traitements.

ORDONNANCE

PORTANT QUE LES CONSISTOIRES PROTESTANTS DOIVENT, OB-
TENIR, POUR PLAIDER, L'AUTORISATION DU CONSEIL DE
PRÉFECTURE.

23 mai 1834. (IX, Bull. O. 1ʳᵉ section, CCCVI, n° 5347.)

Vu les observations du directoire du consistoire général de la confession d'Augsbourg, sur un arrêt de la cour royale de Colmar, en date du 12 décembre 1833, confirmatif d'un jugement du tribunal de première instance de Saverne, qui déclare ne pouvoir admettre le consistoire de Wasselonne à ester en justice, à moins qu'il ne rapporte une autorisation du conseil de préfecture;

Vu la loi des 17-24 août 1790;

Vu l'article 1032 du code de procédure civile;

Vu les articles 910 et 2045 du code civil;

Vu la loi du 28 pluviôse an VIII[1];

Vu la loi du 18 germinal an X;

Vu l'arrêté du 21 frimaire an XII[2];

Vu le décret du 30 décembre 1809;

Vu enfin la loi du 2 janvier 1817 et les ordonnances des 2 avril même année et 14 janvier 1831;

Le comité de l'intérieur de notre conseil d'état entendu, etc.

ART. 1er. Les consistoires des églises protestantes des deux communions devront se pourvoir d'une autorisation du conseil de préfecture pour entreprendre ou défendre un procès en justice.

Les consistoires du culte réformé adresseront directement leurs délibérations à ce sujet au conseil de préfecture; celles des consistoires de la confession d'Augsbourg ne pourront lui être transmises que par l'intermédiaire du directoire du consistoire général, qui devra y joindre son avis.

---

[1] L'article 4 de cette loi porte que le conseil de préfecture doit statuer sur les demandes formées *par les communes* pour être autorisées à plaider.

[2] Cet arrêté détermine les formes à observer pour l'homologation des transactions passées par les communes.

RÈGLEMENT

SUR LA COMPTABILITÉ DES CULTES,

(Extrait[1].)

31 décembre 1841.

TITRE X.

(Extrait,)

Dépenses des cultes protestants.

ART. 212. Les traitements des pasteurs des églises protestantes sont réglés d'après la population des communes
dans lesquelles ils exercent leur ministère.

Les pasteurs protestants des églises des communes dont
la population est au-dessus de 30,000 âmes, sont pasteurs
de première classe. Ceux des communes dont la population
s'élève depuis 5,000 âmes inclusivement jusqu'à 30,000,
sont pasteurs de deuxième classe. Ceux des communes dont
la population est exclusivement au-dessous de 5,000 âmes,
sont pasteurs de troisième classe. (*Décret du 15 germinal* n
XII; *ordonnance du 28 juillet 1819.*)

213. Les ministres des cultes protestants touchent leur
traitement à compter du jour où le roi a confirmé leur nomination.

Néanmoins, quand ces pasteurs ne se sont pas rendus à
leur poste dans le délai d'un mois après leur confirmation,
le traitement ne court que du jour de l'installation.

A cet effet, expédition du procès-verbal d'installation,
dressé par le consistoire du ressort, ou par des anciens ou

[1] Voir la note 1, p. 43 ci-dessus.

des ministres qu'il délègue, est adressée au préfet. (*Décret du 15 germinal an XII; circulaires ministérielles des 29 octobre 1832 et 5 septembre 1840.*)

Lorsque, dans une même église consistoriale, un pasteur est appelé d'une section à une autre, ce changement est autorisé par un arrêté du ministre des cultes. Dans ce cas, le traitement court de la date de l'arrêté ministériel.

214. Est imputée sur le traitement des pasteurs la portion applicable à leur rétribution, du revenu des biens dont la loi a conservé la propriété aux églises protestantes dans les départements du Doubs, du Bas-Rhin, du Haut-Rhin et des Vosges. (*Art. 7 de la loi organique du 18 germinal an X.*) Aucun traitement n'est payé quand le taux en est égal ou inférieur au revenu conservé. L'évaluation du revenu des biens curiaux et de fabriques, ainsi que la fixation de la part applicable aux traitements, sont arrêtées par le ministre, sur la proposition des préfets et sur l'avis du directoire de la confession d'Augsbourg et des consistoires réformés.

215. Les indemnités à des ministres des cultes protestants, soit pour les aider à payer des suffragants, soit pour un service extraordinaire ou d'inspection, ne leur sont allouées que par une décision du ministre.

216. Les dispositions des articles 194, 195, 196 et 197, relatifs aux bourses et fractions de bourses dans les séminaires du culte catholique, sont applicables aux bourses et fractions de bourses dans les séminaires des cultes protestants.

217. Les secours accordés à d'anciens pasteurs ou à leurs veuves sont en tout soumis aux règles tracées par les articles 198 à 202 pour l'exercice et le payement des secours accordés aux ministres du culte catholique.

218. Les secours accordés aux communes pour acquisitions, constructions ou réparations des temples ou presbytères des cultes protestants, entrent dans la comptabilité spéciale des communes, et sont imputables à l'exercice auquel se rattachent les besoins qui ont motivé les secours. Les acquisitions doivent être faites et les travaux au moins en cours d'exécution pour que les secours soient acquittés.

SECTION II.

CULTE ISRAÉLITE[1].

DÉCRET

QUI ORDONNE L'EXÉCUTION D'UN RÈGLEMENT DU 10 DÉCEMBRE
1806 SUR LES JUIFS.

17 mars 1808. (IV, Bull. 187, n° 3237.)

Le règlement délibéré dans l'assemblée générale des Juifs tenue à Paris, le 10 décembre 1806, sera exécuté et annexé au présent décret.

Les députés composant l'assemblée des Israélites, convoqués par décret du 30 mai 1806, après avoir entendu le rapport de la commission des Neuf, nommée pour préparer les travaux de l'assemblée, délibérant sur l'organisation qu'il

---

[1] Plusieurs des dispositions rapportées à la première partie (culte catholique) sont communes au culte israélite; il en est ainsi : 1° des dispositions qui font l'objet de la section XII de cette partie sur les dons et legs et autres actes d'administration; 2° des décrets des 23 prairial an XII et 7 mars 1808, p. 186 et 197, sauf l'exception établie, quant au premier, par le décret du 10 février 1806; 3° des articles 21 et 30 de la loi du 18 juillet 1837, p. 112; 4° de l'arrêté du 18 nivôse an XI et de l'article 8 de la loi du 23 avril 1833, relatifs aux traitements, p. 148 et 158; 5° des articles 6 et 18 de la loi du 21 mars 1831, p. 74. Il faut aussi se reporter à l'article 3 du décret du 15 germinal an XII, p. 230, et aux notes. Il faut enfin consulter, indépendamment des actes rapportés ici, la décision du grand sanhédrin du 2 mars 1807 (Duvergier), le décret du 17 mars 1808 (IV, Bull. 186, n° 3210), relatif aux créances et obligations des Juifs, et celui du 26 décembre 1813, relatif aux Juifs de Paris.

conviendrait de donner à leurs co-religionnaires de l'empire
français et du royaume d'Italie, relativement à l'exercice de
leur culte et à sa police intérieure, ont adopté unanime-
ment le projet suivant :

ART. 1er. Il sera établi une synagogue et un consistoire
israélite dans chaque département renfermant deux mille
individus professant la religion de Moïse.

2. Dans le cas où il ne se trouvera pas deux mille Israélites dans un seul département, la circonscription de la synagogue consistoriale embrassera autant de départements,
de proche en proche, qu'il en faudra pour les réunir. Le
siége de la synagogue sera toujours dans la ville dont la population israélite sera la plus nombreuse.

3. Dans aucun cas, il ne pourra y avoir plus d'une synagogue consistoriale par département.

4. Aucune synagogue particulière ne sera établie, si la
proposition n'en est faite par la synagogue consistoriale à
l'autorité compétente. Chaque synagogue particulière sera
administrée par deux notables et un rabbin, lesquels seront
désignés par l'autorité compétente[1].

5. Il y aura un grand rabbin par synagogue consistoriale.

6. Les consistoires seront composés d'un grand rabbin,
d'un autre rabbin, autant que faire se pourra, et de trois
autres Israélites, dont deux seront choisis parmi les habitants de la ville où siégera le consistoire[2].

7. Le consistoire sera présidé par le plus âgé de ses membres, qui prendra le nom d'*ancien* du consistoire.

8. Il sera désigné par l'autorité compétente, dans chaque

[1] Voir ci-après l'article 2 du deuxième décret du 17 mars 1808, p. 246.
[2] Voir ci-après l'article 1er de l'ordonnance du 29 juin 1819, p. 248.

circonscription consistoriale, des notables, au nombre de vingt-cinq, choisis parmi les plus imposés et les plus recommandables des Israélites.

9. Les notables procéderont à l'élection des membres du consistoire, qui devront être agréés par l'autorité compétente.

10. Nul ne pourra être membre du consistoire, 1° s'il n'a trente ans; 2° s'il a fait faillite, à moins qu'il ne soit honorablement réhabilité; 3° s'il est connu pour avoir fait l'usure.

11. Tout Israélite qui voudra s'établir en France ou dans le royaume d'Italie devra en donner connaissance, dans le délai de trois mois, au consistoire le plus voisin du lieu où il fixera son domicile.

12. Les fonctions du consistoire seront : 1° de veiller à ce que les rabbins ne puissent donner, soit en public, soit en particulier, aucune instruction ou explication de la loi, qui ne soit conforme aux réponses de l'assemblée, converties en décisions doctrinales par le grand sanhédrin; 2° de maintenir l'ordre dans l'intérieur des synagogues, surveiller l'administration des synagogues particulières, régler la perception et l'emploi des sommes destinées aux frais du culte mosaïque[1], et veiller à ce que, pour cause ou sous prétexte de religion, il ne se forme, sans une autorisation expresse, aucune assemblée de prières; 3° d'encourager, par tous les moyens possibles, les Israélites de la circonscription consistoriale à l'exercice des professions utiles, et de faire connaître à l'autorité ceux qui n'ont pas des moyens d'existence avoués; 4° de donner chaque année, à l'autorité, connais-

---

[1] Aujourd'hui les ministres du culte israélite sont salariés par l'état (loi du 8 février 1831).

sance du nombre de conscrits israélites de la circonscription.

13. Il y aura à Paris un consistoire central, composé de trois rabbins et de deux autres Israélites[1].

14. Les rabbins du consistoire central seront pris parmi les grands rabbins, et les autres membres seront assujettis aux conditions de l'éligibilité portée en l'article 10.

15. Chaque année il sortira un membre du consistoire central, lequel sera toujours rééligible[2].

16. Il sera pourvu à son remplacement par les membres restants. Le nouvel élu ne sera installé qu'après avoir obtenu l'agrément de l'autorité compétente.

17. Les fonctions du consistoire central seront : 1° de correspondre avec les consistoires; 2° de veiller, dans toutes ses parties, à l'exécution du présent règlement; 3° de déférer à l'autorité compétente toutes les atteintes portées à l'exécution dudit règlement, soit par infraction, soit par inobservation; 4° de confirmer la nomination des rabbins, et de proposer, quand il y aura lieu, à l'autorité compétente, la destitution des rabbins et des membres des consistoires.

18. L'élection du grand rabbin se fait par les vingt-cinq notables désignés en l'article 8.

19. Le nouvel élu ne pourra entrer en fonctions qu'après avoir été confirmé par le consistoire central.

20. Aucun rabbin ne pourra être élu : 1° s'il n'est natif ou naturalisé Français ou Italien du royaume d'Italie; 2° s'il ne rapporte une attestation de capacité souscrite par trois

[1] Voir ci-après les articles 11 et suivants de l'ordonnance du 20 août 1823.

[2] L'article 5 de l'ordonnance du 29 juin 1819 (p. 248) a déclaré que l'article du règlement du 10 décembre 1806 ne serait applicable qu'aux membres laïques du consistoire central.

grands rabbins italiens, s'il est Italien, et français s'il est Français; et, à dater de 1820, s'il ne sait la langue française en France, et l'italienne dans le royaume d'Italie. Celui qui joindra à la connaissance de la langue hébraïque quelque connaissance des langues grecque et latine sera préféré, toutes choses égales d'ailleurs.

21. Les fonctions des rabbins sont : 1° d'enseigner la religion ; 2° la doctrine renfermée dans les décisions du grand sanhédrin ; 3° de rappeler, en toute circonstance, l'obéissance aux lois, notamment et en particulier à celles relatives à la défense de la patrie, mais d'y exhorter plus spécialement tous les ans, à l'époque de la conscription, depuis le premier appel de l'autorité jusqu'à la complète exécution de la loi ; 4° de faire considérer aux Israélites le service militaire comme un devoir sacré, et de leur déclarer que, pendant le temps où ils se consacreront à ce service, la loi les dispense des observances qui ne pourraient point se concilier avec lui ; 5° de prêcher dans les synagogues, et réciter les prières qui s'y font en commun pour l'empereur et la famille impériale ; 6° de célébrer les mariages et de déclarer les divorces, sans qu'ils puissent, dans aucun cas, y procéder que les parties requérantes ne leur aient bien et dûment justifié de l'acte civil de mariage ou de divorce.

22. Le traitement des rabbins membres du consistoire central est fixé à six mille francs; celui des grands rabbins des synagogues consistoriales, à trois mille francs; celui des rabbins des synagogues particulières sera fixé par la réunion des Israélites qui auront demandé l'établissement de la synagogue; il ne pourra être moindre de mille francs. Les Israélites des circonscriptions respectives pourront voter l'augmentation de ce traitement.

23. Chaque consistoire proposera à l'autorité compétente un projet de répartition entre les Israélites de la circonscription, pour l'acquittement du salaire des rabbins; les autres frais du culte seront déterminés et répartis, sur la demande des consistoires, par l'autorité compétente. Le payement des rabbins membres du consistoire central sera prélevé proportionnellement sur les sommes perçues dans les différentes circonscriptions[1].

24. Chaque consistoire désignera hors de son sein un Israélite non rabbin, pour recevoir les sommes qui devront être perçues dans la circonscription.

25. Ce receveur payera par quartier les rabbins, ainsi que les autres frais du culte, sur une ordonnance signée au moins par trois membres du consistoire. Il rendra ses comptes chaque année, à jour fixe, au consistoire assemblé.

26. Tout rabbin qui, après la mise en activité du présent réglement, ne se trouvera pas employé, et qui voudra cependant conserver son domicile en France ou dans le royaume d'Italie, sera tenu d'adhérer, par une déclaration formelle et qu'il signera, aux décisions du grand sanhédrin. Copie de cette déclaration sera envoyée par le consistoire qui l'aura reçue au consistoire central.

27. Les rabbins membres du grand sanhédrin seront préférés, autant que faire se pourra, à tous autres pour les places de grands rabbins.

[1] Voir ci-après la loi du 8 février 1831, qui a mis à la charge de l'état les traitements des ministres du culte israélite.

DÉCRET

QUI PRESCRIT DES MESURES POUR L'EXÉCUTION DU RÈGLEMENT
DU 10 DÉCEMBRE 1806.

17 mars 1808. (IV, Bull. 187, n° 3238.)

ART. 1er. Pour l'exécution de l'article 1er du règlement délibéré par l'assemblée générale des Juifs, exécution qui a été ordonnée par notre décret de ce jour, notre ministre des cultes nous présentera le tableau des synagogues consistoriales à établir, leur circonscription, et le lieu de leur établissement. Il prendra préalablement l'avis du consistoire central. Les départements de l'empire qui n'ont pas actuellement de population israélite seront classés, par un tableau supplémentaire, dans les arrondissements des synagogues consistoriales, pour les cas où des Israélites venant à s'y établir, ils auraient besoin de recourir à un consistoire.

2. Il ne pourra être établi de synagogue particulière, suivant l'article 4 dudit règlement, que sur l'autorisation donnée par nous en conseil d'état, sur le rapport de notre ministre des cultes, et sur le vu : 1° de l'avis de la synagogue consistoriale; 2° de l'avis du consistoire central; 3° de l'avis du préfet du département; 4° de l'état de la population israélite que comprendra la synagogue nouvelle. La nomination des administrateurs des synagogues particulières sera faite par le consistoire départemental, et approuvée par le consistoire central. Le décret d'établissement de chaque synagogue particulière en fixera la circonscription.

3. La nomination des notables dont il est parlé en l'article 8 dudit règlement sera faite par notre ministre de l'in-

térieur, sur la présentation du consistoire central, et l'avis des préfets.

4. La nomination des membres des consistoires départementaux sera présentée à notre approbation par notre ministre des cultes, sur l'avis des préfets des départements compris dans l'arrondissement de la synagogue.

5. Les membres du consistoire central dont il est parlé à l'article 13 dudit règlement seront nommés, pour la première fois, par nous, sur la présentation de notre ministre des cultes, et parmi les membres de l'assemblée générale des Juifs ou du grand sanhédrin.

6. Le même ministre présentera à notre approbation le choix du nouveau membre du consistoire central, qui sera désigné chaque année, selon les articles 15 et 16 dudit règlement.

7. Le rôle de répartition dont il est parlé à l'article 23 dudit règlement sera dressé par chaque consistoire départemental, divisé en autant de parties qu'il y aura de départements dans l'arrondissement de la synagogue, soumis à l'examen du consistoire central, et rendu exécutoire par les préfets de chaque département.

DÉCRET

SUR L'INSTALLATION DES MEMBRES DES CONSISTOIRES ISRAÉLITES.

19 octobre 1808. (IV, Bull. 210, n° 3814.)

ART. 1er. Les membres du consistoire général des Juifs, établi dans notre bonne ville de Paris, par notre décret du

17 juillet dernier [1], seront installés par notre conseiller d'état préfet du département de la Seine, entre les mains duquel ils prêteront, sur la Bible, le serment prescrit par l'article 26 de la loi du 18 germinal an x[2], dont la formule est annexée au présent décret.

2. Les membres des consistoires des synagogues israélites qui seront établis dans les départements de l'empire, seront installés par le préfet de l'établissement de chaque synagogue, entre les mains duquel ils prêteront le serment ci-dessus prescrit.

Formule du serment des membres des consistoires juifs.

« Je jure et promets à Dieu, sur la sainte Bible, de garder obéissance aux constitutions de l'empire et fidélité à l'empereur. Je promets aussi de faire connaître tout ce que j'apprendrai de contraire aux intérêts du souverain ou de l'état. »

———————

ORDONNANCE

CONTENANT DES DISPOSITIONS RELATIVES A L'EXÉCUTION DU RÈGLEMENT DU 10 DÉCEMBRE 1806.

29 juin 1819. (VII, Bull. 290, n° 6843.)

Vu les réclamations des synagogues consistoriales et les demandes du consistoire central;

Considérant qu'il importe de régulariser la marche administrative de ces consistoires, en donnant à quelques

---

[1] Ce doit être une erreur de date; on a sans doute voulu dire *17 mars 1808.*

[2] Sur les cultes protestants.

articles de leur règlement du 10 décembre 1806 une interprétation moins rigoureuse que ne le fait le décret d'exécution du 17 mars 1808, etc.

Art. 1er. Conformément à l'article 6 du règlement des
Israélites, du 10 décembre 1806, les notables des circonscriptions consistoriales pourront être convoqués à l'effet
d'élire un cinquième membre du consistoire. Ils désigne-
ront pour cette place le second rabbin, autant que faire se
pourra; et, à défaut, ils y appelleront un membre laïque.

2. Les Israélites qui viendraient s'établir en France
(*Art. 11 dudit règlement*), contribueront de droit, ainsi que
les autres Israélites du royaume, aux charges de la circonscription consistoriale dont fait partie la commune de leur
résidence.

3. Une fois par an, et à jour fixe, chaque consistoire
invitera les notables de la circonscription à se réunir à lui
pour assister à la formation du budget annuel des frais généraux de la circonscription, ainsi qu'à la confection du
rôle de répartition y relatif. (*Art. 12 du règlement et 7 du
décret d'exécution.*) Les consistoires communiqueront en
même temps aux notables le compte, rendu par le trésorier,
des recettes et dépenses relatives à l'exercice précédent.
(*Art. 25 du règlement.*) Les dépenses d'instruction religieuse
et des écoles primaires, qui, d'après l'avis du consistoire
central, auront été approuvées par l'autorité compétente,
seront comprises dans les frais du culte mentionnés à l'article 23 du règlement; ils feront, suivant la diverse destination des établissements, partie, soit des frais généraux du
consistoire central, soit des frais généraux de la circonscription, ou de ceux des communes respectives.

4. Le mode de perception actuellement en usage est

maintenu. En conséquence, les fonds continueront d'être recouvrés par les receveurs généraux, et le montant en sera versé dans la caisse du trésorier israélite. (*Art. 25 du règlement.*)

5. L'article 15 du règlement, concernant la sortie annuelle d'un membre du consistoire central, n'est applicable qu'aux membres laïques de ce consistoire.

6. Le décret du 17 mars 1808, qui prescrit les mesures pour l'exécution du règlement précité, continuera d'être exécuté dans toutes les dispositions qui ne sont pas spécialement modifiées par la présente ordonnance, qui sera insérée au Bulletin des lois.

ORDONNANCE

CONTENANT DE NOUVELLES MODIFICATIONS AU RÈGLEMENT DU 10 DÉCEMBRE 1806.

20 août 1823. (VII, Bull. 625, n° 15,427.)

Vu les propositions des synagogues consistoriales et celles du consistoire central des Israélites, à l'effet d'ajouter à leur règlement du 10 décembre 1806 de nouvelles modifications, en outre de celles qui y ont été faites par notre ordonnance du 29 juin 1819;

Notre conseil d'état entendu, etc.

ART. 1er. Dans le cours de l'année 1823, les notables israélites des divers arrondissements consistoriaux seront intégralement renouvelés.

2. Tous les deux ans, il sortira cinq membres du collége des notables. Cette sortie se fera par la voie du sort, à la

fin de la séance annuelle qui a lieu conformément à l'ordonnance du 29 juin 1819. La majorité des notables devra avoir sa résidence dans la commune où est établie la synagogue consistoriale.

3. Les conditions d'éligibilité requises par l'article 10 du règlement, concernant les membres de consistoires, s'appliquent également aux notables.

4. Dans le cours de l'année 1823, et un mois après le renouvellement des notables, ceux-ci s'assembleront pour procéder au renouvellement intégral des membres laïques des consistoires départementaux.

5. Tous les deux ans, il sortira un des membres laïques des consistoires départementaux. Cette sortie aura lieu par la voie du sort, et successivement entre les quatre, les trois et les deux plus anciens membres, et ensuite par ancienneté de nomination. Les membres laïques des consistoires et les notables peuvent être réélus indéfiniment.

6. Dans le chef-lieu de la circonscription où siège le consistoire, la nomination des ministres officiants du temple (chantres), et celle des autres desservants et agents, notamment le sacrificateur, appartiennent immédiatement au consistoire. Il nommera aussi, près les temples de sa circonscription, un ou plusieurs commissaires surveillants, qui exerceront, sous sa dépendance, les fonctions qu'il leur aura déléguées.

7. Les rabbins près les temples des communes autres que le siège du consistoire, les ministres officiants (chantres) et les autres desservants près ces temples, seront élus par une commission locale, nommée par le consistoire et présidée par le commissaire surveillant. L'élection des rabbins est soumise à la confirmation du consistoire central, sur l'avis

des consistoires; les autres ministres et desservants seront confirmés par le consistoire dont ils dépendent, et sous la direction et surveillance duquel ils exercent leurs fonctions.

8. Le traitement des rabbins, ministres officiants, desservants ou agents dont il est parlé dans les articles 6 et 7, fait partie des frais locaux du culte.

9. Chaque consistoire, dans l'assemblée qui se tient annuellement pour la fixation et la répartition des frais généraux de la circonscription, s'occupera en même temps, avec le concours des notables qui résident dans le chef-lieu, de la formation du budget et du rôle de répartition des frais locaux du culte de la commune où siége le consistoire. Quant aux frais locaux des communes hors le siége consistorial, le consistoire adjoindra, chaque année, autant de notables israélites qu'il jugera nécessaire, au commissaire surveillant, et sous sa présidence, afin de procéder à la formation du budget des frais locaux du culte et du rôle y relatif, lesquels budget et rôle seront soumis à l'examen et à l'approbation des consistoires respectifs.

10. Les commissaires surveillants sont tenus de présenter annuellement, à la commission chargée de dresser avec eux les budgets et les rôles locaux, le compte rendu de l'exercice précédent, lequel compte sera ensuite soumis à l'examen des consistoires respectifs. Ces comptes, le budget et les rôles de répartition, seront adressés par le consistoire au préfet du département, qui les transmettra à notre ministre de l'intérieur. Le consistoire central y apposera son avis. Les rôles, définitivement approuvés par notre ministre, seront renvoyés aux préfets pour être rendus exécutoires.

11. Dans le cours de l'année 1823, le nombre des membres composant le consistoire central sera porté à neuf,

savoir : les deux grands rabbins et sept membres laïques. A cet effet, le collége des notables de chaque circonscription désignera deux candidats laïques, qui devront être domiciliés à Paris, et dont l'un sera nommé par nous, sur le rapport de notre ministre de l'intérieur.

. 12. Tous les deux ans, il sortira un des membres laïques du consistoire central : cette sortie aura lieu par la voie du sort, et successivement entre les sept, les six, les cinq, les quatre, les trois et les deux plus anciens membres, et ensuite par ancienneté de nomination. Le membre sortant est toujours rééligible, d'après le mode prescrit par l'article 11. Le consistoire central ne peut jamais délibérer en moindre nombre que cinq. En cas d'égalité de suffrages, la voix du président est prépondérante. Cependant aucune délibération ne peut être prise, concernant les objets religieux ou du culte, sans le consentement des deux grands rabbins. Toutefois, si ces derniers diffèrent d'avis, le plus ancien de nomination des grands rabbins des consistoires départementaux sera appelé à les départager.

13. Les mandats de payement qui seront délivrés par le consistoire central sur son receveur devront être signés par cinq membres au moins.

14. En cas de décès ou de démission de l'un des deux grands rabbins du consistoire central, chaque consistoire proposera un candidat pris parmi les grands rabbins des consistoires départementaux. Sur ces candidats, trois seront désignés par le consistoire central, pour l'un d'eux être nommé par nous, sur le rapport de notre ministre de l'intérieur.

15. Ne pourront être ensemble membres d'un consistoire départemental, ni du consistoire central, le père, le fils, le gendre, les frères et beaux-frères.

16. Le consistoire central déterminera, par un règlement spécial qui sera soumis à l'approbation de notre ministre de l'intérieur, les formalités à remplir par les aspirants au titre de rabbin, qui, s'il y a lieu, seront ensuite confirmés en cette qualité par le même consistoire.

17. Chaque consistoire nommera, tous les ans, son président et son vice-président; ils peuvent toujours être réélus. En cas de partage de voix entre les membres du consistoire du département, le plus ancien d'âge ou de nomination parmi les notables du siége consistorial sera appelé pour former la majorité.

18. Il ne pourra être employé dans les écoles primaires aucun livre qui ne soit approuvé par le consistoire central, du consentement des grands rabbins.

19. Le décret du 17 mars 1808, qui prescrit des mesures pour l'exécution du règlement israélite, et l'ordonnance du 29 juin 1819, continueront d'être exécutés dans toutes les dispositions qui ne sont pas modifiées par la présente.

LOI

RELATIVE AUX TRAITEMENTS DES MINISTRES DU CULTE
ISRAÉLITE.

8 février 1831.

Article unique. A compter du 1er janvier 1831, les ministres du culte israélite recevront des traitements du trésor public[1].

---

[1] Antérieurement, la loi annuelle de finances autorisait la perception des sommes réparties sur les Israélites de chaque circonscription pour le

ORDONNANCE

RELATIVE AU RENOUVELLEMENT DES COLLÉGES DE NOTABLES
ISRAÉLITES ET DES MEMBRES LAÏQUES DES CONSISTOIRES
DÉPARTEMENTAUX.

19 juillet 1851. (IX, Bull. 1re partie, n° 855.)

Vu les décrets du 17 mars 1808;

Vu les ordonnances des 29 juin 1819 et 20 août 1823;

Vu la loi du 8 février 1831;

Notre conseil d'état entendu, etc.

ART. 1er. L'époque de l'entrée en fonctions des membres
des colléges des notables israélites, élus conformément aux
dispositions du décret du 17 mars 1808 et de l'ordonnance
du 20 août 1823, est fixée au 1er janvier.

2. Dans la première quinzaine du mois d'octobre qui
précédera l'époque des renouvellements périodiques prescrits par l'article 2 de l'ordonnance du 20 août 1823, le consistoire central adressera, dans la forme accoutumée, à notre
ministre des cultes, la liste des candidats présentés.

3. Lorsqu'un collége des notables aura été renouvelé en
entier dans le cours d'une année, les membres composant
le premier cinquième sortiront au 31 décembre de l'année
qui suivra celle du renouvellement.

4. A la première assemblée qui suivra le renouvellement
intégral d'un collége des notables, il sera procédé, par la
voie du sort, à la répartition des membres de ce collége
en cinq séries, qui devront être renouvelées successivement

traitement des rabbins et les autres frais de leur culte. Cette disposition
a été supprimée depuis la loi actuelle. (Voir Duvergier, 1832, page 231
note 2.)

de deux ans en deux ans. Extrait du procès-verbal de ce tirage sera transmis à notre ministre des cultes.

5. L'époque de l'entrée en fonctions des membres laïques des consistoires départementaux et du consistoire central, élus conformément aux dispositions du décret du 17 mars 1808 et de l'ordonnance du 20 août 1823, est fixée au 1er juillet.

6. Lorsqu'un consistoire aura été renouvelé en entier dans le cours d'une année, le premier membre désigné par le sort sortira au 30 juin de la première ou de la seconde année qui suivra sa nomination, de manière que la durée de ses fonctions ne soit pas moindre qu'un an et n'excède pas deux ans.

7. Les ordonnances des 29 juin 1819 et 20 août 1823 continueront d'être exécutées dans toutes les dispositions qui ne sont pas modifiées par la présente ordonnance.

RÈGLEMENT

SUR LA COMPTABILITÉ DES CULTES.

(Extrait[1].)

31 décembre 1841.

TITRE X.

(Extrait.)

Dépenses du culte israélite.

ART. 219. Les traitements des ministres du culte israélite se composent ainsi qu'il suit :

[1] Voir la note 1, p. 43 ci-dessus.

Traitement du grand rabbin du consistoire central à Paris;

Traitements des grands rabbins des sept consistoires départementaux de Paris, Metz, Strasbourg, Bordeaux, Nancy, Colmar et Marseille;

Traitements des rabbins et ministres officiants.

220. Les traitements des rabbins et ministres officiants sont réglés d'après les bases suivantes :

LA POPULATION JUIVE ÉTANT		
de 200 à 600.	de 601 à 1,000.	de 1,001 et au-dessus.
Pour 5,000 âmes et au-dessous, de population générale de la commune de la résidence, il sera accordé 300ᶠ	400ᶠ	600ᶠ

Pour 5,000 âmes et au-dessus de population générale, jusqu'à 25,000 seulement, les traitements augmentent de 100 francs.

Les deux ministres officiants de la synagogue de Paris jouissent, le premier d'un traitement de 2,000 francs, le second d'un traitement de 1,000 francs.

221. Les ministres du culte israélite touchent leur traitement à compter du jour de leur installation. Expédition du procès-verbal d'installation, dressé par le consistoire départemental, ou par les administrateurs du temple dans les communes hors du chef-lieu consistorial, est adressée au préfet.

222. Les secours accordés aux communes pour contribuer aux travaux des temples du culte israélite sont soumis aux règles tracées pour ceux concernant le culte catholique et les cultes protestants.

223. Les indemnités ou secours accordés à des ministres du culte israélite sont soumis aux règles tracées pour ceux qui concernent les cultes protestants et le culte catholique.

FIN.

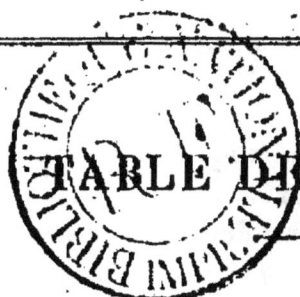

TABLE DES MATIÈRES.

ATTRIBUTIONS DU COMITÉ DE LÉGISLATION.

PREMIÈRE PARTIE.

CULTE CATHOLIQUE.

SECTION Ire.

SECTION II.

SECTION III.

SECTION IV.

SECTION V.

SECTION VI.

SECTION VII.

§ 1er.

§ II.

TROISIÈME PARTIE.

CULTES NON CATHOLIQUES.

SECTION Iʳᵉ.

TABLE CHRONOLOGIQUE

DES LOIS, ARRÊTÉS DU GOUVERNEMENT, DÉCRETS, AVIS DU CON-
SEIL D'ÉTAT ET ORDONNANCES, TEXTUELLEMENT INSÉRÉS, EN
TOUT OU EN PARTIE, DANS CE RECUEIL.

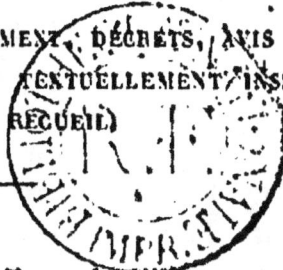

Pages.

Pages.

FIN DES TABLES.

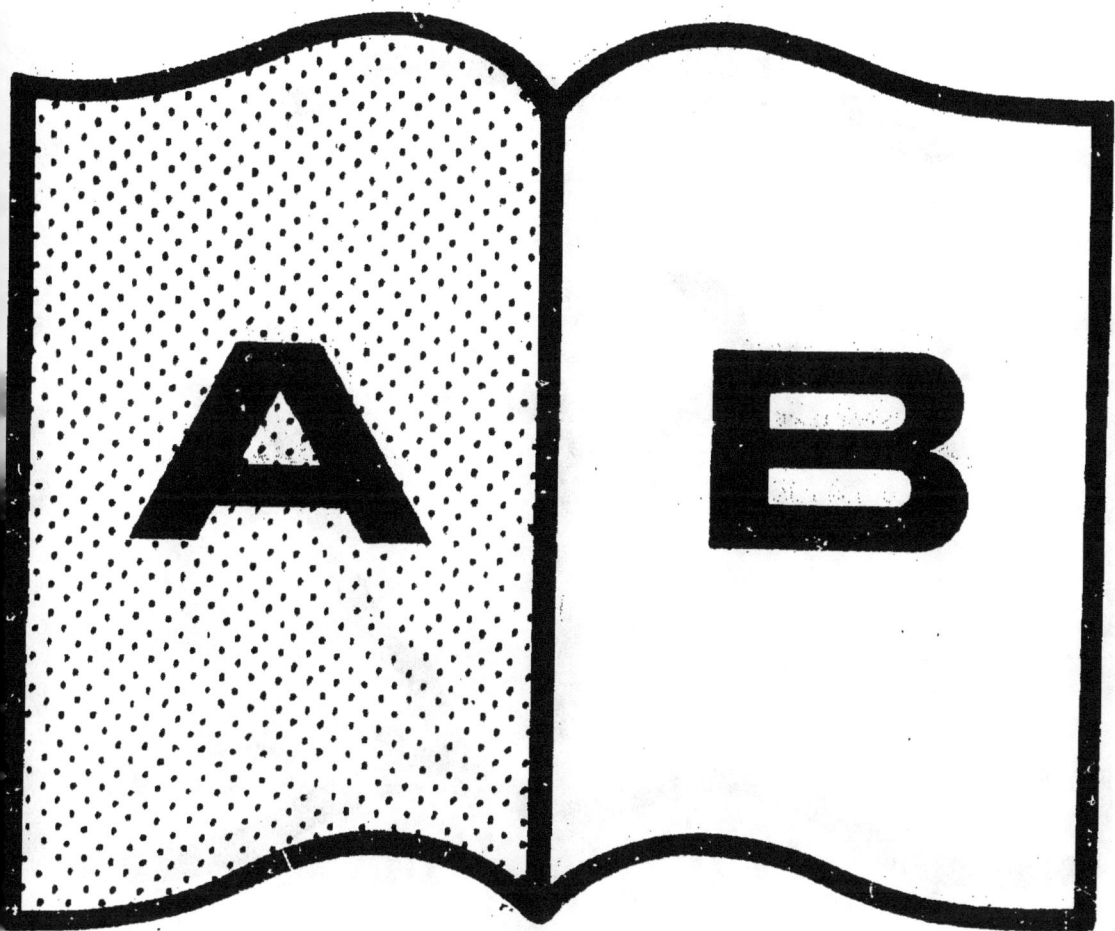

Contraste insuffisant

NF Z 43-120-14

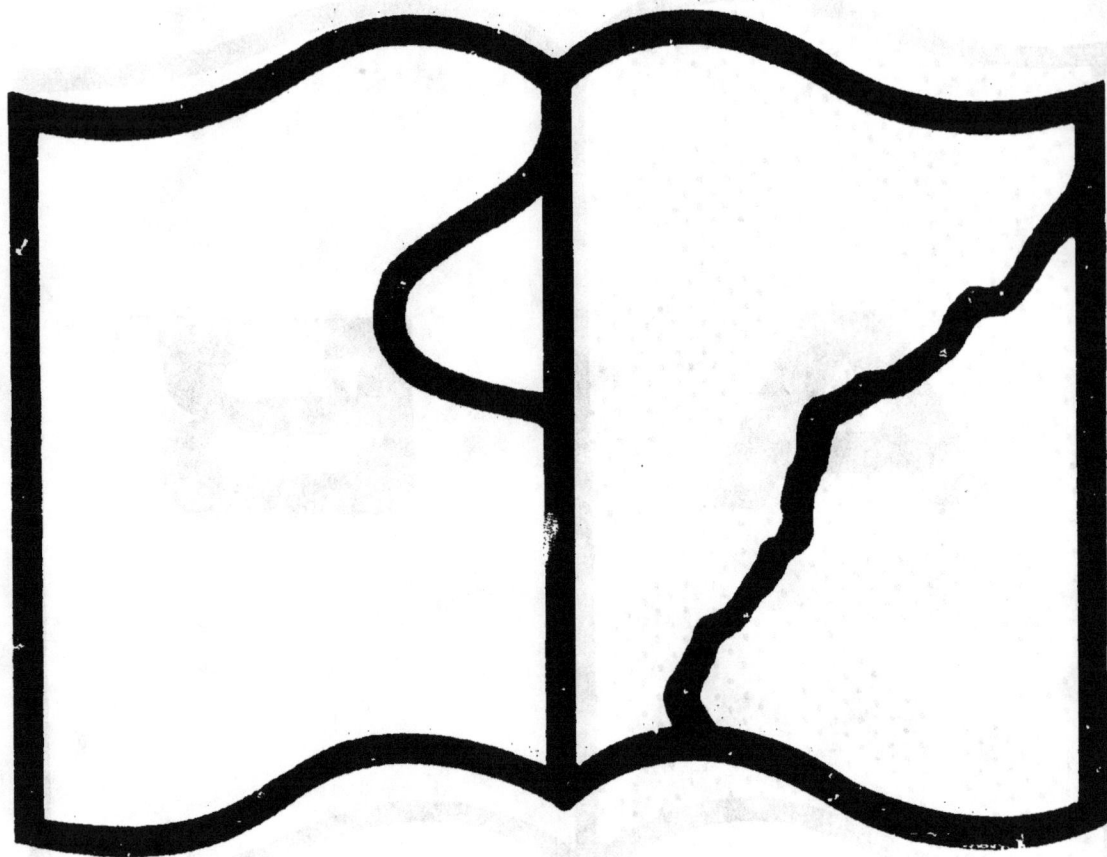

Texte détérioré — reliure défectueuse

NF Z 43-120-11